AF603450

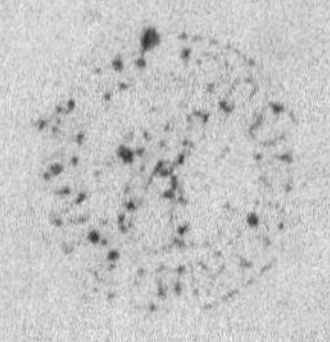

LA MUSIQUE THEORIQUE ET PRATIQUE,

Dans ſon ordre naturel:

NOUVEAUX PRINCIPES

Par Mr *****. Auteur de l'Art de la Danſe.

NOUVELLE EDITION.

DE L'IMPRIMERIE

De JEAN-BAPTISTE-CHRISTOPHE BALLARD,
Doyen des Imprimeurs du Roi, Seul pour la Muſique.
A Paris, au MONT-PARNASSE, ruë S. Jean-de-Beauvais.

M. DCC. XLVI.

Avec Privilege du Roi.

PRÉFACE.

LES differens Sons de la Voix ont deux grands usages, l'un d'être le signe de nos pensées, et l'autre de pouvoir former des Chants capables d'exprimer les passions : Ainsi l'on peut dire que la Musique, considerée en elle-même & dans son origine, n'étoit que la simple expression des Chants que la Voix formoit naturellement, dont la perfection dépendoit de la disposition des organes & de la beauté de l'imagination : Mais les hommes, sensibles à cette Musique naturelle, en ont recherché les causes ; ils ont raisonné sur la Nature, sur les Proprietés, et sur l'Arrangement des Sons ; et ces reflexions qui font toute la Théorie de la Musique, sont les causes principales de ses plus heureuses productions ; car les génies, conduits par ces nouvelles lumieres, en devinrent plus sages & plus hardis ; les Musiciens trouverent le chemin du cœur, et s'étant rendus maîtres de tous ses mouvemens, ils inspirerent à leur gré toutes les passions d'une maniere si vive & si surprenante, que les merveilleux effets qu'on en raconte pourroient passer pour fabuleux, s'ils n'étoient autorisez par les témoignages & les passages des plus graves & des plus célebres Auteurs. Ce fut sans doute le plaisir qu'inspiroient de si charmans Ouvrages, qui fit craindre d'en perdre le souvenir, et qui fut cause de l'Invention ingénieuse des Notes & des Caracteres, capables de les rendre durables & de les fixer. La connoissance & la facilité de déchiffrer ces caracteres, fait la Pratique de la Musique qui jointe à sa Théorie, font un Art complet.

L'Art de la Musique n'est donc autre chose qu'une suite de Principes & de Regles qui expliquent les Proprietés des Sons, et qui enseignent d'une maniere claire & certaine, l'usage des Notes & des Caracteres qui les expriment. Cette définition renferme les deux grandes parties de l'Art de la Musique: Savoir, LA THEORIE ET LA PRATIQUE *qu'il faut traiter séparément & de suite, pour avoir des idées justes & exactes de cet Art, dont les Principes ne doivent être ni dispersez ni confondus. Il est vrai que quelques Personnes habiles & d'une grande experience, ont eû dessein de réunir les connoissances de la Musique dans les Methodes qu'elles en ont données au Public: Mais, je n'en vois aucune (quoique d'ailleurs estimables) qui ne laisse quelque chose à desirer, et qui contienne dans un ordre naturel tout ce qu'il est necessaire de savoir & de posseder avant que d'être en état de commencer l'étude de la Composition: Car, sans parler des petites Methodes qui ne contiennent que quelques Regles & quelques*

Exemples de Pratique, ni du défaut grossier de quelques autres qui commencent leurs premieres Leçons sur des Tons transposez; il est constant que toutes les Methodes en géneral, confondent la Théorie & la Pratique, ce qui est d'une très-grande conséquence, puisque cette confusion empêche les Ecoliers de rendre raison de ce qu'ils ont appris, et retarde les progrès qu'ils auroient faits en moins de temps, s'ils avoient été plus savament exercez. Je conviens qu'il n'est pas necessaire pour apprendre la Musique en peu de temps, de savoir touchant la Théorie, tout ce que les Auteurs ont écrit de la Nature & de la Proportion des Sons; ni touchant la Pratique, l'histoire & les differens systêmes de l'institution des Caracteres. Je sai que ce sont des curiositez dont on peut fort bien se passer; Mais je puis raisonnablement soutenir, après en avoir fait l'experience, qu'il y a une Théorie necessaire qui satisfait l'esprit & qui facilite l'acquisition de la Pratique, en surmontant toutes les difficultez de cette Pratique. Ce sont ces épreuves qui m'engagent à communiquer au Public ce nouvel Ordre que j'ai divise en deux Parties, dans lesquelles je renferme successivement tous les Principes de Théorie & les Exemples de Pratique qui doivent préceder la Composition.

[L]es Principes de Théorie qui composent la premiere Partie, se réduisent aux douze articles suivans; qui sont,

LA CONNOISSANCE Des differ[e]ns Sons & des Intervales,

DES Modes,

DES Tons,

LA CONNOISSANCE DE la reduction des Tons transposés à une nomination naturelle,

DES transpositions d'Airs sur toutes sortes de Tons,

DE la Modulation,

DES Cadences,

DES Préludes,

DE l'usage & du raport des Clefs,

DE la maniere de chanter dans la Partition,

DE ce qu'il faut observer avant que de chanter un Air, en le chantant, et après l'avoir chanté;

ENFIN, des moyens dont on peut se servir pour s'accoutumer à noter d'oreille.

J'en ai placé les Exemples à la fin de la seconde Partie de ce Livre, pour ne pas interrompre la liaison du discours.

Il est aisé de voir par la simple inspection des Articles de cette premiere Partie, qu'elle contient des connoissances necessaires qui ne sont point renfermées dans les autres Instructions de Musique; Et j'ai lieu d'esperer que l'ordre & le choix des Leçons & des Pieces qui composent la Seconde, ne la rendront pas moins utile.

Comme cette seconde Partie consiste dans l'execution, je n'y ai point mis de raisonnement, j'ai seulement dit, que pour bien executer, il falloit observer fidellement la Nomination, l'Intonnation & la Mesure, n'ayant point eu d'autre vûe que d'en faciliter & d'en assurer la possession. Pour y parvenir,

(après avoir fait reflexion que le Plain-Chant & la Musique étoient entierement semblables dans la Nomination & dans l'Intonnation) j'ai commencé à donner des Leçons avec des Notes rondes sur les Tons naturels & sur toutes les Clefs ; ensuite, j'en ai donné sur les Tons transposés, en indiquant la maniere de les réduire aux Tons naturels.

La Nomination & l'Intonnation supposées acquises, par l'intelligence & l'usage de ces premieres Leçons, je passe à la Mesure qui est, comme l'on sait, l'ame de la Musique, et ce qui la distingue du Plain-Chant ; et après avoir donné la connoissance des Figures & des Caracteres qui expriment les differentes valeurs des Sons, je mets des Observations & des Regles sur la Mesure, que je puis dire m'être propres, par la maniere dont elles sont traitées ; et les fruits que j'en ai vû retirer, me donnent lieu d'esperer que le Public ne me saura pas mauvais gré de les avoir ainsi disposées.

Enfin, pour mettre les Ecoliers & les Amateurs de Musique en état de déchiffrer facilement & avec connoissance, toutes sortes d'Airs sur les differens Signes imaginables, j'ai recueilli avec soin, et j'ai rangé suivant l'ordre naturel de tous les degrez de mouvemens dont les Mesures à quatre Temps, à deux Temps, et à trois Temps sont susceptibles, les plus belles Pieces qui ayent été faites dans tous les genres de Musique ; pour servir de Modéles ; On en peut voir le choix d'un coup d'œil, dans la Table de ce Livre.

Pour répondre à l'objection que je prévois qu'on pourroit me faire sur le peu d'etendue que j'ai donné aux Principes de la premiere Partie ; j'avoue qu'à la vérité, ces Principes devroient être plus dévelopez & plus expliquez s'il étoit possible d'aprendre sans Maître & dans un Livre, une Science-Pratique telle qu'est la Musique ; mais l'experience faisant connoître le contraire, j'ose me flatter que Messieurs les professeurs de Musique qui possedent ces Principes, et qui en sont les Interpretes, ne me refuseront point de les mettre dans tout leur jour, par des Exemples plus clairs & plus sensibles.

Au reste, quoiqu'on ait séparé la Théorie de la Pratique, suivant l'ordre naturel qu'on s'est prescrit, il est toujours à supposer que Messieurs les Maîtres en feront le mélange qu'ils jugeront à propos.

D'ailleurs on comprend bien que des Ecoliers qui n'auront encore aucune teinture de Musique, se trouveront embarassez par les Termes propres de l'Art, s'ils n'ont des Maîtres pour les leur expliquer ; ou à leur défaut, le Dictionnaire de Musique de Monsieur DE BROSSARD, *dont on n'auroit pû faire qu'une répétition, peut-être moins exacte, si l'on avoit cru en devoir surcharger ce Livre.*

Quand on possedera ces Principes, on pourra se perfectionner avec l'excellent Traité que Monsieur RAMEAU *vient de donner au Public, on y trouvera des Instructions pour la Composition & pour l'Accompagnement, qui ne laissent rien à desirer sur ces matieres.*

On trouve le Memoire de toutes les sortes d'Instructions de Musique, à la fin du Traité de Monsieur RAMEAU.

LA MUSIQUE THEORIQUE, ET PRATIQUE,

Dans son ordre naturel.

DE LA THEORIE.

LA Musique considerée par raport à ses effets, est un assemblage de Sons qui, par leur arrangement & leur combinaison, causent dans l'ame un sentiment agréable en passant par l'organe de l'oüie. Ces sons qui sont par-conséquent l'objet de la Musique, se forment naturellement ; et tout l'Art de la Musique n'est fondé que sur les Réflexions que l'on a faites sur la nature, les proprietez & les raports de ces mêmes Sons. Ces raports sont produits de la proximité ou de l'éloignement que ces Sons ont entr'eux : Des intervalles qui en naissent, le plus petit est l'éloignement d'un demi-Ton, et le plus grand d'un Octave. Ce n'est pas qu'on ne trouve un plus grand éloignement entre les Sons, puisque l'on compte jusqu'à quatre Octaves dans l'étenduë des Voix humaines ; mais c'est que l'élevation qui se trouve dans la seconde & dans les autres Octaves, n'eſt préciſément qu'une répetition de la premiere, d'où l'on peut conclure que tous les Intervales poſſibles ſont contenus dans l'Octave, où l'on e.. remarque ſept principaux qui ſont formez par ſept ſons differens; Sçavoir la *Seconde*, la *Tierce*, la *Quarte*, la *Quinte*, la *Sixte*, la *Septiéme* & l'*Octave*, leſquels Intervales ſubdiviſez chacun en leurs eſpeces, ſont ou *Majeurs* ou *Mineurs*, ou *Juſtes*, ou *Superflus*, ou *Diminuez*, et font en tout vingt-trois ſortes d'Intervales, dont je donnerai les noms & la compoſition aprés avoir expliqué les différentes diviſions de l'Octave qui, comme nous avons dit, eſt le plus grand de tous les Intervales, et comprend tous les autres.

ART. I. Des differens Sons & des Intervales.

L'Octave contient douze Sons differens, le Treiziéme n'étant que la répetition du premier. De ces douze Sons, il y en a ſept connus ſous les noms de *Ut*, *Re*, *Mi*, *Fa*, *Sol*, *La*, *Si*, les cinq autres ſont exprimez par des Dieſes, *ainſi* ✱, ou par des Bémols, *ainſi* ♭, leſquels Diezes & Bémols ſervent auſſi à partager les Tons de l'Octave-Diatonique ou naturel en deux-demi-Tons.

L'Octave ainſi conçu & compoſé de douze Sons differents peut être diviſée en trois manieres par rapport aux trois differents Chants de la la Muſique; Sçavoir le *Chant Diatonique*, le *Chromatique* & l'*Enharmonique*.

Le Chant Diatonique eſt un Chant compoſé de ſept cordes ou Notes principales qui procéde par Tons & demi-Tons majeurs. C'eſt ce Chant Diatonique qui produit la diviſion de l'Octave en cinq Tons juſtes & deux demi-Tons majeurs, en cet ordre *Ut*, *Ré*, *Mi*, *Fa*, *Sol*, *La*, *Si*, *Ut*.

Le Chant Chromatique eſt un Chant plus tendre qui procéde par demi-Tons majeurs & par demi-Tons mineurs; c'eſt de ces deux ſortes de Chants Diatonique & Chromatique que nos Muſiques ſont compoſées, et ce Chant Chromatique donne occaſion de diviſer l'Octave en douze demi-Tons, dont ſept ſont Majeurs, et cinq ſont Mineurs. Le demi-Ton majeur eſt formé de deux cordes prochaines de differens noms, comme du *Mi* au *Fa*, et du *Si* à l'*Ut*; le demi-Ton mineur eſt formé de deux cordes prochaines de même nom, comme de l'*Ut* à l'*Ut Dieze*.

Le Chant Enharmonique eſt un Chant qui ſe fait par quarts de Tons; ce Chant n'eſt pas en uſage, à cauſe de la difficulté qu'il y a de le chanter: Ainſi je ne donne point la diviſion de l'Octave par rapport à lui, et je reviens à l'explication des vingt-trois Intervales compris dans l'Octave des Chants Diatonique & Chromatique.

L'Intervale de SECONDE se distingue en trois especes; *Juste*, *Superflue* & *diminuée*. L'Intervale d'une *Seconde Juste* est composé d'un Ton, comme de l'*Ut* au *Ré*. L'Intervale d'une *Seconde diminuée* est composé d'un demi-Ton majeur, comme du *Mi* au *Fa*. L'Intervale d'une *Seconde superflue* est composé d'un Ton & d'un demi-Ton mineur, comme du *Si bémol* à l'*Ut dieze*.

L'Intervale de TIERCE a quatre especes. L'Intervale de *Tierce majeure* est composé de deux Tons, comme de l'*Ut* au *Mi*. L'Intervale de *Tierce mineure* est composé d'un Ton & d'un demi-ton majeur, comme du *Re* au *Fa*. L'Intervale d'une *Tierce superflue* est composé de deux Tons & d'un demi-ton mineur, comme du *Mi bémol* au *Sol dieze*. L'ntervale d'une *Tierce diminuée* est composé de deux demi-tons majeurs, comme du *Sol dieze* au *Si bémol*.

L'Intervale de QUARTE a trois especes. L'Intervale de *Quarte juste* est composé de deux tons & d'un demi-ton majeur, comme de l'*Ut* au *Fa*. L'Intervale d'une *Quarte superflue* qu'on appelle aussi *Triton* est composé de trois Tons, comme de l'*Ut* au *Fa dieze*. L'intervale d'une *Quarte diminuée* est composé d'un Ton & de deux demi-tons majeurs, comme de l'*Ut dieze* au *Fa*.

L'Intervale de QUINTE a trois especes. L'Intervale de *Quinte juste* est composé de trois tons & d'un demi-ton majeur, comme de l'*Ut* au *Sol*. L'Intervale de *Quinte superflue* est composé de quatre tons, comme de l'*Ut* au *Sol dieze*. L'Intervale d'une *Quinte diminuée* qu'on appelle *fausse-Quinte* est composé de deux tons & de deux demi-tons majeurs, comme de l'*Ut dieze* au *Sol*.

L'Intervale de SIXTE a quatre especes. L'Intervale de *Sixte majeure* est composé de quatre tons & d'un demi-ton majeur, comme de l'*Ut* au *La*. L'Intervale de *Sixte mineure* est composé de trois tons & de deux demi-tons majeurs, comme du *La* au *Fa*. L'intervale d'une *Sixte superflue* est composé de cinq tons, comme du *Si bémol* au *Sol dieze*. L'intervale d'une *Sixte diminuée* est composé de deux tons & de trois demi-tons majeurs, comme du *Sol dieze* au *Mi bémol*.

L'Intervale de SEPTIE'ME a trois especes. L'Intervale d'une *Septiéme juste* est composé de quatre tons & deux demi-tons majeurs, comme de l'*Ut* au *Si* bémol. L'Intervale d'une *Septiéme superflue* est composé de cinq tons & d'un demi-ton majeur. L'Intervale d'une *Septiéme diminuée* est composé de trois Tons & trois demi-tons majeurs, comme de l'*Ut dieze* au *si bemol*.

Je n'ai distingué les Intervales de *Septiéme* & de *Seconde* en trois especes, que pour me conformer au nouveau Systême de Mr Rameau, qui me paroît démontré.

L'Intervale d'Octave a trois especes. L'Intervale d'un *Octave juste* est composé de cinq tons & deux demi-tons majeurs, comme de l'*Ut* à l'*Ut*. L'Intervale d'*Octave superfluë* est composé de six tons & d'un demi-ton majeur, comme de l'*Ut* à l'*Ut* dieze. L'Intervale d'un *Octave diminuée* est composé de quatre tons & de trois demi-tons majeurs, comme de l'*Ut diéze* à l'*Ut naturel*.

Ces vintg-trois Intervales joints à la durée des Sons qui les composent, produisent tous les Chants & tous les Airs possibles, dont la varieté se tirera des differens arrangemens de ces Intervalles, et de la differente valeur de ces Sons; Les Modes provenans des differens arrangemens de ces Intervales; et les differentes Mesures provenantes aussi de la valeur de ces Sons.

Les Musiciens entendent par Mode, la maniere de commencer, de continuer & de terminer un Chant.

ART. II. Des Modes.

On réduit la conduite d'un Air ou d'un Chant à deux Modes; l'un s'appelle *Mode majeur*, et l'autre *Mode mineur*. La difference de ces deux Modes se prend de leur Tierce au-dessus de la Finale de l'Air: Pour en avoir une plus parfaite connoissance, il faut observer que chaque Mode a sept Notes ou Cordes qui lui sont propres, lesquelles Notes reçoivent chacune une dénomination particuliere.

Il y en a trois que l'on nomme *Essentielles*; Sçavoir la Finale, la Mediante & la Dominante. Deux que l'on nomme *Cordes naturelles*, parceque l'on ne peut faire un *beau Chant*, ni même une *Harmonie gracieuse* sans leur secours. Ces deux Cordes sont 1°. Dans quelque Mode que ce soit, un demi-Ton majeur, soit *Naturel*, soit *Accidentel*, au-dessous de la Finale. 2°. Pour les *Modes mineurs*, un demi-Ton majeur au-dessus de leur *Dominante*, 3°. Pour les *Modes majeurs*, un Ton plein au-dessus de leur *Dominante*. Et deux autres que l'on nomme *Necessaires*; sçavoir un Ton plein au-dessus de la Finale, et un Ton plein au-dessous de la Dominante. On entend ici par Ton, la Note finale de l'Air. La diversité du Progrez de ces sept Cordes dans l'Octave, fait la difference du Mode majeur d'avec le Mode mineur.

Le Progrez du *Mode Majeur* se forme d'une Tierce majeure, à compter de la Finale; D'une Tierce mineure, le demi-Ton le premier, à compter de la Mediante; D'une Tierce majeure, à compter de la Dominante; Et d'un demi-Ton.

EXEMPLE.

3e maj. 3e min. 3e maj. demi-ton.
Ut, Re, Mi, Fa, Sol, La, Si, Ut,

Le Progrez du *Mode mineur* se forme d'une Tierce mineure, d'une Tierce majeure, d'une Tierce mineure, le demi-Ton, le premier, et d'un Ton, comme La, Si, Ut, Re, Mi, Fa, Sol, La. (3e. min. 3e. maj. 3e min. ton.) Dans cet ordre du Mode mineur, non-seulement la premiere Tierce se trouve mineure; mais encore la sixiéme & la septiéme; il faut cependant remarquer que l'on y fait ordinairement la Sixiéme & la Septiéme majeure, principalement en procedant de la Dominante à la Finale en montant, et que la Modulation demande plus souvent la Sixiéme mineure de ce Mode que la Sixiéme majeure, et la Septiéme majeure que la Septiéme mineure.

Voilà ce qui constituë le Mode majeur & le Mode mineur; mais il faut sçavoir que les Musiciens, soit pour varier, soit pour une plus parfaite expression, soit pour s'accommoder aux Voix, non-seulement composent dans ces deux Modes sur les sept Cordes principales de l'Octave, qui sont, comme nous avons dit, Ut, Re, Mi, Fa, Sol, La Si; mais encore sur les cinq feintes, c'est-à-dire sur les Diezes ou Bémols qui font partie des douze Sons ou Cordes de l'Octave, ainsi voilà douze Finales sur l'une desquelles un Air peut finir. On apelle aussi Tons, ces Finales; et comme de ces douze Finales ou Tons, il y en a neuf qui sont susceptibles de deux differens noms ils feront dix-huit Tons, qui joints aux trois autres Tons ou Finales qui n'ont qu'un nom, feront vingt-un Tons, lesquels Tons ou Finales pouvant être traitez en Mode majeur & en Mode mineur font en tout quarante-deux Tons, quoique réellement un Air ne puisse finir que sur douze Tons differens.

ART. III. Des Tons ou Finales.

On regarde comme Ton naturel celui qui n'employe ni Dieze ni Bémol pour exprimer le progrez du Mode dans lequel un Air est composé, c'est ce qui fait que le Ton de C-Sol-Ut est remarqué comme le modéle du Mode majeur, auquel tous les Tons transposez en Mode majeur doivent se rapporter. Et il n'y a proprement que le Ton de C-Sol-Ut qui soit pur & naturel; car le Ton d'A-Mi-La qui est regardé comme le modéle naturel du Mode mineur, auquel les tons transposez en Mode mineur se rapportent, est très-souvent alteré de quelque dieze. On peut aussi rapporter au Ton de D-LA-RE, les Tons transposez en Mode mineur, quoique ce raport soit moins parfait, ainsi il faut regarder comme Ton transposé, tout Air qui ne finit point en UT en Mode majeur, et en RE ou en LA en Mode mineur; et qui par conséquent aura au commencement de sa Clef un ou plusieurs Diezes, un ou plusieurs Bémols selon l'exigence du ton de l'Air transposé.

Les Diezes se posent au commencement de la Clef, de quinte en quinte en montant, dans cet ordre Fa[1], Ut[2], Sol[3], Re[4], La[5], &c. Et les Bémols de quarte en quarte en montant, dans cette ordre Si[1], Mi[2], La[3], Re[4], Sol[5], &c.

Il sera aisé par la connoissance de ces Modes & de ces Tons, de juger si un Air est régulierement ou irrégulierement écrit, en remarquant si les Tons transposez ont proche de leur Clef le nombre de Diezes & de Bémols necessaires pour être conformes dans le progrez de l'Octave, aux Tons naturels qui sont leurs modéles en Mode majeur & en Mode mineur; et pour connoître au juste le nombre de Diezes & de Bémols qui doivent être placez auprès de la Clef des Airs transposez, il suffit de sçavoir pour les Airs transposez par des Diezes, que le Ton final de G-Re-Sol majeur ne demande qu'un Dieze; Que le Ton d'E-Si-Mi dans le Mode mineur n'exige pareillement qu'un Dieze au commencement de la Clef; Que le Ton final de G-Re-Sol en Mode mineur ne demande qu'un Bémol; Et que le Ton d'F-Ut-Fa Mode majeur ne veut aussi qu'un Bémol au commencement de sa Clef.

Ces quatre Tons constatez, on connoît tous les autres, en montant de Quinte en Quinte pour les Airs transposez par des Diezes, et en montant de Quarte en Quarte pour les Airs transposez par des Bémols; ainsi, l'ordre des Tons majeurs transposez par des Diezes, sera Sol[1], Re[2], La[3], Mi[4], Si[5], &c. L'ordre des Tons mineurs aussi transposez par des Diezes, sera Mi[1], Si[2], Fa ♯[3], Ut ♯[4] Sol ♯[5], &c.

L'ordre des Tons majeurs transposez par des Bémols, sera Fa[1], Si ♭[2], Mi ♭[3], La ♭[4] Re ♭[5], &c. Et celui des Tons mineurs par Bémol, sera Sol[1], Ut[2], Fa[3], Si ♭[4] Mi ♭[5], &c.

On tire aussi de ces connoissances, la raison & la maniere aisée de réduire à une nomination naturelle tous les Airs transposez quelques chargez qu'ils soient de Diezes & de Bémols, en nommant simplement UT, la Finale de tous les Airs transposez en Mode majeur, en nommant LA, la Finale des Airs transposez par des Diezes en Mode mineur; en nommant RE, la Finale des Airs transposez par des Bémols aussi en Mode mineur; et en supposant au commencement de tous ces Airs réduits au naturel, la Clef que leurs Finales demandent.

ART. IV. Réduction des Tons transposez à une nomination naturelle.

Ces Principes rendent encore très-facile la Transposition d'un Air sur toutes sortes de Tons, puisqu'il ne faut pour y parvenir, que supposer une Clef convenable, et accompagner cette même Clef du nombre de Diezes & de Bémols essentiels au Ton dans lequel on souhaite que cet Air soit transposé.

ART. V. Transposition d'un Air sur tous les Tons.

Quelques Exemples vont éclaircir cette pratique : Supposé donc que je veuille transposer en MI, un Air dont la Finale est en UT Mode majeur, je commence par regarder cette Note Ut, qui est la Note finale de l'Air que je veux transposer en Mi, comme si véritablement c'étoit un MI qui le devient effectivement, en écrivant au commencement de l'Air la Clef qui fait réellement nommer cette derniere Note MI; ensuite je fais réflexion qu'un Air qui finit en Mi mode majeur, est un Ton transposé, puisqu'il n'y a que le Ton d'UT qui soit le modéle & le ton naturel du Mode majeur. Je remarque encore que le Ton de MI mode majeur, est transposé par des Diezes, parce que pour former la Tierce majeure, depuis le MI note finale, jusqu'au SOL qui est la mediante de l'Air, il faut des Diezes; ainsi il ne me reste plus qu'à sçavoir combien j'en dois mettre au commencement de la Clef, ce que je trouverai aisément, si je me ressouviens que le premier Ton majeur transposé par des Diezes, qui demande un Dieze au commencement de la Clef, est le SOL, et que par conséquent en montant de quinte en quinte le Ton qui en demande deux, est le RE; celui qui en demande trois est le LA, et celui qui en demande quatre, le MI, Ton sur lequel j'ai voulu transposer l'Air qui étoit en UT, ce qui fait voir que si j'avois voulu transposer le ton d'UT mode majeur, sur le RE, il auroit fallu deux Diezes au commencement de la Clef, qu'il en auroit fallu trois sur le LA, et ainsi de suite de quinte en quinte.

Si je voulois transposer sur le Ton FA dieze, un Air qui finiroit sur un LA ton naturel du Mode mineur, je commencerois par nommer FA dieze le ton du LA que je voudrois transposer en mettant la Clef convenable à cette nomination, ensuite considérant que le ton de Fa dieze est un ton transposé par des Diezes, je chercherois quel est le premier Ton transposé en Mode mineur qui ne demande qu'un Dieze; et me ressouvenant que c'est le ton MI, en montant de quinte en quinte; je verrois que le second est Si, et le troisiéme Fa dieze, qui est le ton sur lequel je voulois transposer, c'est pourquoi j'écris trois Diezes auprès de la nouvelle Clef.

Pour transposer par des Bémols, il faut de même suposer une Clef convenable, et mettre au commencement de cette Clef le nombre de Bémols qu'exigent le Ton & le Mode dans lequel on veut transposer, en se ressouvenant que le premier Ton en Mode majeur, qui demande un Bémol, est le Fa; le second le Si bémol; le troisiéme le Mi-bémol, et ainsi des autres de quarte en quarte juste en montant; et que le premier Ton qui demande un Bémol en Mode mineur est le Sol en montant aussi de quarte en quarte juste pour les autres Tons. On trouvera à la fin de la seconde partie de cette Methode des Exemples de toutes ces transpositions, qui joints aux Explications des Maîtres, acheveront de lever toutes les difficultez.

Voici encore une autre maniere que j'ai trouvée pour transposer un Air sur toutes sortes de Tons, c'est une suite des Principes, et de la connoissance des Modes & des Tons qui ont déja été expliquez.

Il ne faut pour pratiquer cette seconde maniere de transposer, que se ressouvenir du progrès des cordes du Mode majeur & du Mode mineur depuis la Finale d'un Air jusqu'à son Octave. Si j'avois par exemple à transposer en Si, un Air qui finiroit en RE mode majeur, je commencerois par nommer SI, cette Finale, en suposant ou en mettant la Clef qui feroit nommer SI, la Finale qui étoit auparavant un RE; ensuite je dirois, l'Air que je veux transposer étant en RE mode majeur, il faut que je donne le progrès du mode majeur à l'Octave du SI qui est le Ton sur lequel je veux transposer. Or le progrez du mode majeur depuis sa Finale jusqu'à son Octave est comme je l'ai déja dit, une Tierce majeure, une Tierce mineure le demi-Ton le premier, une Tierce majeure & un demi-Ton; ainsi, pour trouver le même progrez dans l'Octave du SI, qui est le Ton sur lequel je veux transposer, il faut pour la premiere Tierce majeure, mettre au commencement de la Clef, un Dieze sur l'Ut & sur le Re, ce qui fera Si, Ut*, Re*, pour

pour la Tierce mineure le demi-ton le premier, il faut mettre un ✱ sur le Fa, *ainsi* Re, Mi, Fa, pour la seconde Tierce majeure, il faut encore mettre un ✱ sur le Sol & sur le La, *ainsi* Fa, Sol, La, auquel ajoûtant le demi-ton Si, on aura le progrez juste du Mode majeur, *ainsi* Si, Ut, Re, Mi, Fa, Sol, La, Si.

Si je voulois transposer en Air qui finiroit en LA, mode majeur, sur le Ton de SI ♭, je comencerois par nommer SI ♭ le LA que je veux transposer en supposant une Clef & un Bémol sur le SI, qui feroit nommer le LA un SI ♭; ensuite parcourant l'Octave de Si ♭, Ut, Re Mi, Fa, Sol, La, Si ♭; je verrois que pour la premiere Tierce majeure, il ne faudroit rien ajoûter. Si ♭, Ut, Re, pour la Tierce mineure le demi-ton le premier, il faudroit un bémol sur le Mi, ce qui feroit Re, Mi ♭, Fa; à l'égard de la derniere Tierce majeure elle s'y trouve naturellement aussi-bien que le demi-Ton, ce qui produit cette Octave Si ♭, Ut, Re, Mi ♭, Fa, Sol, La, Si ♭.

Pour transposer en Mode mineur, il faut pareillement se ressouvenir de son progrez qui est une Tierce mineure le demi-ton après le ton, une Tierce majeure, une seconde Tierce mineure le demi-Ton le premier, et un Ton, *ainsi* La, Si, Ut, Re, Mi, Fa, Sol, La; ce qui étant connu, voici comme il en faut faire l'application.

Si l'on me donnoit, par exemple, un Air qui finiroit en Sol mode mineur, à transposer en Mi, je commencerois par supposer une Clef qui me feroit nommer Mi, le Sol que je veux transposer, ensuite parcourant l'Octave de ce même Mi, je dirois le progrez du mode mineur, demandant d'abord une Tierce mineure le demi-ton après le ton, je dois mettre un dieze sur le Fa de ma premiere Tierce mineure pour la rendre semblable à son modéle, ce qui fera Mi, Fa, Sol, la Tierce majeure se trouve ensuite naturelle Sol, La, Si, la seconde Tierce mineure s'y trouve naturellement Si, Ut, Re, et le ton aussi qui tombe sur le Mi qui termine l'Octave, dont le progrez Mi, Fa, Sol, La, Si, Ut, Re, Mi, est semblable au modéle du Mode mineur; ainsi donc, pour transposer par cette seconde maniere, en mode majeur & en mode mineur sur toutes sortes de Tons, il n'y a qu'à supposer une Clef convenable, et ajoûter au commencement de la Clef, le nombre de Diezes ou de Bémols necessaires pour rendre le progrez de l'Octave du Ton transposé, soit majeur ou mineur, semblable au modéle de l'un ou de l'autre de ces deux Modes.

Enfin, pour rendre encore plus facile la Transposition d'un Air sur toutes sortes de Tons, je joins ici une Liste de tous les principaux Tons sur lesquels on peut composer, avec le nombre de Diezes & de Bémols que chaque Ton transposé doit avoir au commencement de sa Clef, outre une Table qui contiendra tous les Tons possibles, sur lesquels un Air peut être travaillé, avec le nombre de Diezes & de Bémols placez en leur lieu au commencement de la Clef, qu'on trouvera à la fin de ce Livre à l'Article des Transpositions.

LISTE DES TONS PRINCIPAUX en Mode majeur & en Mode mineur.

Mode majeur.

Le modéle du Mode majeur, est le Ton d'UT, qui par conséquent ne demande ni Diezes ni Bémols au commencement de sa Clef.

Tons Transposez par des Diezes.

Le premier Ton en Mode majeur qui demande un Dieze après la Clef, est le SOL ; ce Dieze doit être placé au commencement de la Clef, sur le Fa.

Le RE demande deux Diezes posez sur le Fa & sur l'Ut.

Le LA en demande trois posez sur le Fa, sur l'Ut & sur le Sol.

Le MI en demande quatre posez sur le Fa, sur l'Ut, sur le Sol, et sur le Re.

Le SI en demande cinq posez sur le Fa, sur l'Ut, sur le Sol, sur le Re & sur le La.

Le FA ♯ en demande six posez sur le Fa, sur l'Ut, sur le Sol, sur le Re, sur le La & sur le Mi.

L'UT ♯ en demande sept posez sur le Fa, sur l'Ut, sur le Sol, sur le Re, sur le La, sur le Mi & sur le Si.

Tons transposez par des Bémols.

Le premier Ton en Mode majeur qui demande un Bémol après la Clef est le Ton FA, ce Bémol doit être placé sur le Si.

Le Si ♭ en demande deux posez sur le Si & sur le Mi.

Le MI ♯ en demande trois posez sur le Si, sur le Mi & sur le La.

Le LA ♯ en demande quatre posez sur le Si, sur le Mi, sur le La, et sur le Re.

Le RE ♯ en demande cinq posez sur le Si, sur le Mi, sur sur le La, sur le Re & sur le Sol.

Le SOL ♯ en demande six posez sur le Si, sur le Mi, sur le La, sur le Re, sur le Sol & sur l'Ut.

L'UT ♯ en demande sept posez sur le Si, sur le Mi, sur le La, sur le Re, sur le Sol, sur l'Ut & sur le Fa.

Mode mineur.

Le modéle du Mode mineur est le LA, c'est pourquoi il ne demande ni Dieze ni Bémol; quelques personnes regardent aussi comme modéle le Ton D-LA-RE.

Tons Transposez par des Diezes.

Le premier Ton en Mode mineur qui demande un Dieze est le MI; ce Dieze est posé sur le FA.

Le SI ♯ en demande deux posez sur le Fa & sur l'Ut.

Le FA ✱ en demande trois posez sur le Fa, sur l'Ut, & sur le Sol.

L'UT ✱ en demande quatre posez sur le Fa, sur l'Ut, sur le Sol & sur le Re.

Le SOL ✱ en demande cinq posez sur le Fa, sur l'Ut, sur le Sol, sur le Re, et sur le La.

Le RE ✱ en demande six posez sur le Fa, sur l'Ut, sur le Sol, sur le Re, sur le La & sur le Mi.

Le LA ✱ en demande sept posez sur le Fa, sur l'Ut, le Sol, sur le Re, sur le La, sur le Si & sur le Mi.

Tons transposez par des Bémols.

Le premier Ton en Mode mineur qui demande un Bémol après la Clef est le SOL, ce Bémol doit être placé sur le Si.

L'UT en demande trois posez sur le Si, sur le Mi & sur le La.

Le SI ♯ en demande quatre posez sur le Si, sur le Mi, sur le La & sur le Re.

Le Mi ♯ en demande cinq posez sur le Si, sur le Mi. sur le La, sur le Re & sur le Sol.

Le La ♯ en demande six posez sur le Si, sur le Mi, sur le La, sur le Re, sur le Sol, & sur l'Ut.

Le Re ♯ en demande sept posez sur le Si, sur le Mi, sur le La, sur le Re, sur le Sol, sur l'Ut & sur le Fa.

Rien n'est plus aisé que l'usage de cette Liste & de la Table qui est à la fin de ce Livre à l'Article des Transpositions, puisqu'il ne faut que des yeux pour en faire l'application, les transpositions étant toutes faites ; car supposé que je voulusse transposer en Fa dieze, un Air qui seroit écrit en D-La-Re Mode majeur, en consultant cette Liste ou la Table, je trouverois que le Ton de Fa ✻ Mode majeur demande six diezes, et je n'aurois par conséquent qu'à supposer une Clef convenable qui feroit nommer Fa dieze la Note qui étoit auparavant nommée Re, et poser auprès de cette Clef sur les Notes ci-dessus marquées les six Diezes que demande le Ton de Fa dieze en Mode majeur : Si l'on observe cette Methode sur tous les Tons du Mode majeur & du Mode mineur, on acquerrera sans peine la facilité de faire toutes sortes de transpositions

ART. VI. De la Modulation.

Enfin, par la possession de tous les Principes que nous venons d'expliquer, on est conduit insensiblement à la connoissance de la Modulation que l'on peut regarder comme la Clef du génie de la Musique, puisque c'est par elle que l'on découvre l'Art du Compositeur, et que l'on le suit dans les détours qu'il a pris pour plaire ; c'est aussi par elle que l'on remarque qu'après avoir touchée les principales cordes du Ton, et s'y être reposé par des Cadences, il est agréable de prendre l'essort, et de changer tantôt de Mode, tantôt de Ton, et quelquefois de l'un & de l'autre dans le même temps, en observant toujours de ne point choquer l'oreille par la précaution que l'on prend de toucher les Cordes essentielles & la Corde favorite du Ton où l'on veut entrer, qui doit toûjours être ami de celui que l'on quitte, ce qui se connoît lorsque le nouveau Ton n'a qu'une corde étrangere au précédent ; ainsi je regarde la Modulation, comme la source de la science de la Musique, plus on la connoît plus on est Musicien ; et sans la Modulation, on ne connoîtroit qu'imparfaitement les Cadences & l'Art de préluder.

ART. VII. Des Cadences.

Il faut entendre ici par le terme de *Cadence* deux Notes changées de suite provenant d'un Chant, dont la derniere des deux Notes doit se trouver sur l'une des Cordes essentielles du Mode que l'on traite. Le Mode majeur a deux Cadences, une à la Finale, et l'autre à la Dominante. Le Mode mineur en a trois, une à la Finale, une à la Mediante, et la troisiéme à la Dominante. Les Cadences ont plusieurs proprietez que je passe ici sous silence, parce qu'elles ont toutes raport à la Composition. Je dirai seulement en general & en passant, que l'on peut remarquer quatre choses sur une Cadence : *Primo.* De quelle espece elle est, c'est-à-dire, si elle est parfaite, imparfaite, ou rompuë. 2°. Sur quelle Corde ou Note tombe la Cadence. 3°. Quelle est la forme de sa terminaison. 4°. Quelle est l'accord qui la précéde.

ART. VIII. Des Préludes.

Les Préludes sont ordinairement des Chants qui donnent aux Voix & aux Instrumens, le ton de l'Air qu'ils doivent executer, ainsi Préluder, c'est en parcourant à son choix les cordes d'un Mode, former un Chant qui vienne se terminer sur la finale de l'Air que l'on va joüer ou chanter, cette sorte de Prélude s'apelle *Ritournelle* lorsqu'il prépare & donne le ton au Recitatif qui le suit. Voilà l'usage ordinaire des Préludes, cependant il est bon de savoir qu'il y a une autre espece de Prélude qui suppose dans ceux qui l'executent, du génie, beaucoup de Musique & une grande possession des Instrumens, cette maniere de Préluder consiste à produire sur le champ & de fantaisie, des Airs sur toutes sortes de caracteres capables de plaire & de toucher; c'est dans ces sortes de Préludes que les Illustres se distinguent, et qu'ils donnent des preuves de la beauté de leur génie & de l'étendue de leur savoir : Il y a même dans ces compositions, d'heureux caprices qui enchantent & qui surprennent; mais qui, semblables à des beautés qui fuyent, ne laissent que le souvenir des vives impressions qu'elles ont faites; ce sont ces beaux endroits & ces saillies que leurs Auteurs regrettent & qu'ils ne sauroient rappeller. A l'égard des Airs dont on se souvient, on les conserve par le moyen des Notes & des Clefs de la Musique, dont il est bon de connoître l'usage & les raports.

ART. IX. De l'usage & du Raport des Clefs.

Il y a trois Clefs, la Clef de C-Sol-Ut qui se pose sur les quatre premieres lignes, la Clef de G-Re-Sol qui se met sur les deux premieres lignes, & la Clef d'F-Ut-Fa qui est posée sur la troisiéme & la quatriéme ligne ; ces differentes positions de Clefs font le même effet que s'il y en avoit sept, et produisent par conséquent sept differentes nominations.

L'usage des Clefs est de donner le nom aux Notes, & de marquer les Parties de la Musique, dont les principales sont le *Dessus*, la *Haute-contre*, la *Taille* & la *Basse* qui est le fondement & la Baze de toutes les autres.

Le Raport des Clefs est double; sçavoir, Raport de Ton, c'est-à-dire égalité de hauteur de Son, et Raport de nomination.

Les quatre Positions de la Clef de C-Sol-Ut se raportent au même Ton, c'est-à dire à l'Unisson. Les deux Positions de celle de G-Re-Sol sont entr'elles à l'Unisson, et les deux Positions de la Clef d'F-Ut-Fa sont aussi pareillement entr'elles à l'Unisson. La Clef d'F-Ut-Fa sur la quatriéme ligne se raporte à la Clef de G-Re-Sol sur la premiere ligne pour la nominaion, et toutes les Clefs accompagnées de Diezes & de Bémols dans les Tons transposez se raportent & se réduisent à la nomination naturelle de quelques-unes des trois Clefs.

ART. X. De la Maniere de Chanter dans la Partition.

La connoissance de l'Usage & du Raport des Clefs de la Musique donne de la facilite pour chanter dans la Partition; mais elle ne suffiroit pas, parce qu'une seule Voix n'a pas assez d'étendue pour chanter à l'Unisson juste les Parties superieures & les inferieures; et pour y suppléer, il faut chanter à l'Unisson supposé, en passant d'une Partie à l'autre quand elles sont trop èloignés pour être chantées à l'Unisson juste. Cependant comme la plus grande utilité des regles d'un Art se tire de leur usage, je crois qu'il sera avantageux à ceux qui ne sont pas encore sûrs dans l'execution de la Musique, de leur proposer par ordre ce qu'ils doivent observer avant que de commencer à chanter un Air, en le chantant, et aprés l'avoir chanté.

ART. XI. Des Regles qu'il faut observer.

Avant que de commencer, il faut 1°. S'assurer de la Nomination, 2°. Remarquer en quel Mode & en quel Ton l'Air est composé, 3°. En connoître exactement le caractere & la mesure, 4°. Prendre un Ton proportionné à l'étendue de la Voix.

En chantant, il faut 1°. Ne nommer aucune Note sans voir le Raport de cette Note avec la Clef. 2°. Il faut faire attention que pour entonner juste, il faut entendre les Sons de l'Intervale avant que de les prononcer. 3°. Il faut observer la Proportion de la valeur des Notes, les Tems de la mesure, le Degré de mouvement, les Repos de la Voix & les agrémens du Chant.

Après avoir chanté, il faut entrer dans l'esprit de l'Air, en examiner la Modulation, les Cadences, l'Expression & tout ce qui peut contribuer à la beauté de son execution,

ART. XII. Des Moiés de noter d'oreille.

Lorsqu'on s'est rendu capable par ces Principes & par ces Regles de déchiffrer toutes sortes d'Airs, on souhaite naturellement de noter d'oreille, et pour en acquerir l'habitude, il me paroît que l'ordre naturel demande, 1°. Qu'on s'attache à connoître & à distinguer les Airs de caractere. 2°. A sentir les Temps de la mesure, et la maniere dont ils sont remplis. 3°. A donner des noms aux Intervales de l'Air que l'on veut noter, dont on connoîtra le Mode par la nature de la Tierce, à compter depuis la Finale de l'Air jusqu'à la Mediante; enfin, si l'on prend soin de se donner un Ton fixe, comme celui de l'Opera, la comparaison que l'on en fera avec la Finale de l'Air qu'on entend executer, fera connoître en quel Ton cet Air est composé.

Voilà les douze articles dans lesquels j'ai eu dessein de renfermer en substance & dans un ordre naturel les connoissances qui doivent préceder l'étude de la Composition, et dont on connoîtra l'utilité par l'interpretation des bons Maîtres & par l'experience.

FIN DE LA THEORIE.

DE LA PRATIQUE DE LA MUSIQUE,

Dont les Leçons & les Exemples ſont diſpoſez dans l'ordre naturel.

LEÇONS DE MUSIQUE.

TOus les Sons de la Muſique ſe réduiſent à ſept, dont voici l'ordre & les noms en montant & en deſcendant.

en montant.		en deſcendant.
	SI,	
	LA,	
	SOL,	
	FA,	
	MI.	
	RE,	
	UT,	

Les figures que l'on employe pour exprimer ces Sons, s'appellent Notes.

Diviſion de la Pratique de la Muſique.

La Muſique conſiderée par raport à ſon exécution, ſe diviſe en trois parties; Savoir la Nomination des Notes, leur Intonation, et la Meſure. Les Clefs de la Muſique donnent la nomination des Notes. L'Intonation s'acquiert par la pratique des Intervales qui referment les diſtances des Sons, et la Meſure conſiſte dans la valeur des Notes, et dans les differens degrez de mouvemens. La ſeule Meſure fait la difference de la Muſique & du Plain-Chant.

Il y a trois Clefs, dont voicy les Noms, les Figures & les Differétes Positions.

Il y a trois Signes de mutation de Son; sçavoir le Dieze, *ainsi* ✕, lequel éleve de demy-Ton la Note devant laquelle il est posé. Le Bemol, *ainsi* ♭, lequel baisse de demy-Ton la Note devant laquelle il se trouve posé. Et le Becarre, *ainsi* ♮, lequel ôte le Dieze & le Bemol, & remet les Notes dans leur Ton naturel.

PRATIQUE DE L'INTONATION,
par degrez conjoints.

Par Tierces.

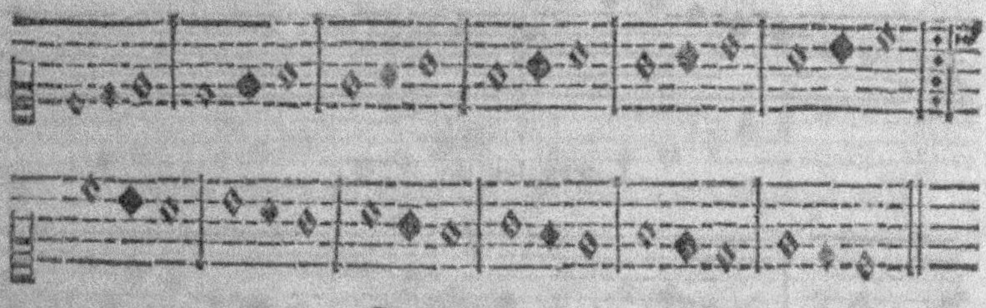

Par Quartes.

Par Quintes.

Intervales du RE.

Intervales du MI.

Intervales du FA.

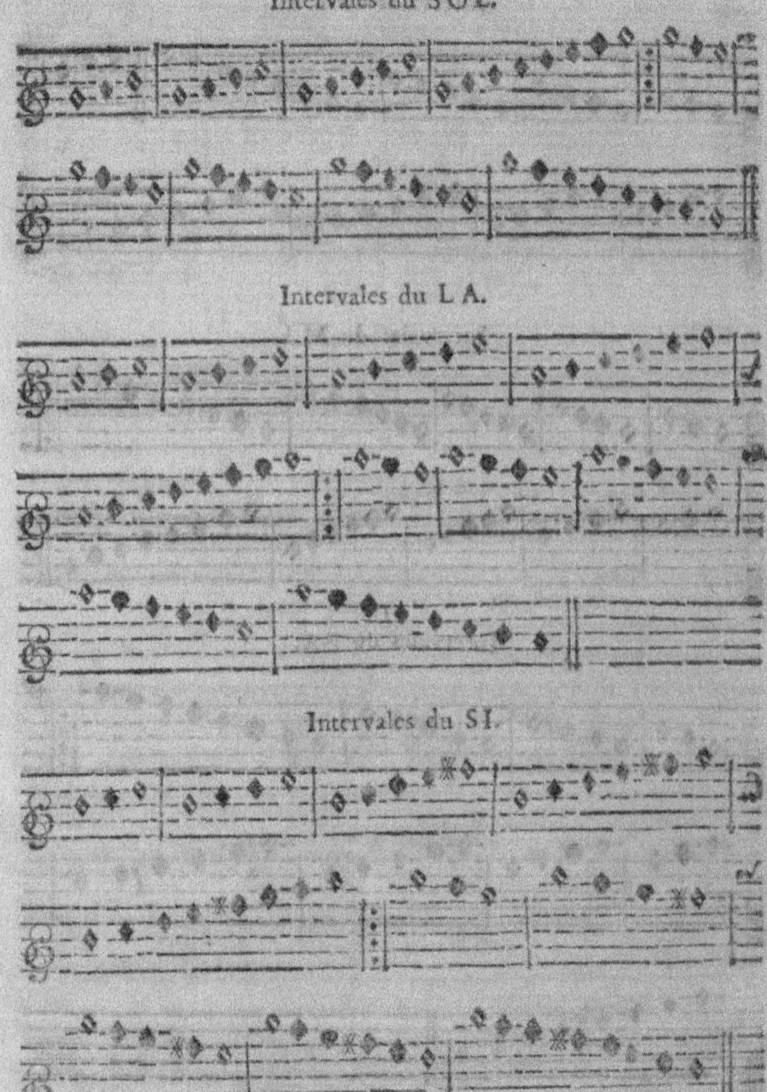
Intervales du SOL.
Intervales du LA.
Intervales du SI.

Intonation triplée.

La lettre *d* qui se trouve dans les Leçons suivantes, est pour avertir de demeurer, c'est-à-dire de prendre son haleine; ce qu'il ne faut faire qu'à propos: La Pratique en fait sentir le goût & la necessité.

Leçons non-mesurées, sur les differentes Clefs, avec les noms des Parties auquelles elles sont propres.

Je ne doute pas que Messieurs les Maîtres ne fassent conoître aux Ecoliers, qu'il est de consequence de s'accoûtumer dès le commencement à chanter avec goût; c'est ce qui m'a déterminé à marquer les *Ports-de-voix*, les *Tremblements* & les *Cadences* qui y conduisent naturellement.

Clef de Bas-Dessus.

Suite de la Clef de Bas-Dessus.

Clef de Basse.
Clef de Basse-Taille.
Clef de Dessus de Violons.
Clef de Dessus Chantants.

Dans les Tons transposez par des Diezes, on pose les Diezes de quinte en quinte au commencement de la Clef, dans l'ordre

1. 2. 3. 4. 5.

suivant, Fa, Ut, Sol, Re, La, &c. Et le dernier Dieze se nomme SI. On a joint la Clef naturelle à celle du Ton transposé.

Exemples pour les Tons transposez, par des Diezes.

Dans les Tons transposez par des Bémols, on pose les Bémols de quarte en quarte au commencement de la Clef dans l'ordre suivant, Si[1], Mi[2], La[3], Re[4], Sol[5], &c. Et le dernier Bémol se nomme Fa.

Exemples pour les Tons transposez, par des Bémols.

Observations sur la Mesure.

Pour prendre l'esprit d'un Air, et pour en battre exactement la Mesure, il y a quatre choses à observer.

1°. Savoir à combien de temps se doit battre la Mesure.

2°. Dequoi chaque temps est rempli, ou composé.

3° L'expression qui consiste principalement à savoir quelles Notes sont égales ou inégales.

4°. Le degré de mouvement.

De ces quatre choses à observer, il y en a trois; Savoir, Les temps de la Mesure, La maniere dont ils sont remplis, Et l'expression, qui se connoissent par les signes de la Mesure.

Ces Signes sont simples ou composez.

Les Signes simples se réduisent au 𝄴, au 𝄵, au 2. & au 3.

Les Signes composez sont exprimez par deux chiffres posez l'un sur l'autre, dont le Superieur marque la quantité des Notes qui doivent entrer dans la Mesure; et l'Inferieur la qualité de ces mêmes Notes ou des équivalentes, dont voici les figures.

Signes composez.

$\frac{3}{1}$ $\frac{3}{2}$ $\frac{6}{4}$ $\frac{6}{8}$ $\frac{6}{16}$ $\frac{2}{4}$ $\frac{4}{8}$ $\frac{4}{16}$ $\frac{3}{4}$ $\frac{3}{8}$ $\frac{3}{16}$ $\frac{9}{4}$ $\frac{9}{8}$ $\frac{9}{16}$ $\frac{12}{4}$ $\frac{12}{8}$ $\frac{12}{16}$

Ces figures données, il faut faire voir comment chacune d'elles indique les trois choses dont elles sont les signes.

Le 𝄴 ouvert dénote que la Mesure se doit battre à quatre temps, dont chaque temps est rempli d'une Noire ou de l'équivalent, et a les seules doubles Croches inegales.

Le 𝄵 barré se bat à deux temps, il faut deux Noires ou l'équivalent pour chaque temps, les Croches sont inégales; et par conséquent les doubles Croches, parce qu'il faut observer que dans quelque Mesure que ce soit, lorsqu'une espece de Note est inégale il s'ensuit que les especes inferieures le sont aussi.

Le 2. marque une Mesure à deux temps, deux Notes pour chaque temps, et les Croches inégales.

Le 3. marque une Mesure à trois temps, une Noire pour chaque temps, et les Croches inégales.

Le $\frac{3}{1}$ marque une Mesure à trois temps, une Ronde pour chaque temps ou l'équivalent, les Blanches inégales.

Le $\frac{3}{2}$ signifie une Mesure à trois temps, une Blanche pour chaque temps, et les Noires inégales.

Le $\frac{6}{4}$ se bat à deux temps, trois Noires pour chaque temps, les Croches inégales.

Le $\frac{6}{8}$ se bat à deux temps, trois Croches chaque temps, les seules doubles Croches inégales.

Le $\frac{6}{16}$ se bat à deux temps, trois doubles Croches pour chaque temps, les doubles Croches égales.

Le $\frac{2}{4}$ deux temps, une Noire chaque temps, doubles Croches inégales.

Le $\frac{4}{8}$ deux temps, deux Croches, chaque temps, doubles Croches inégales.

Le $\frac{3}{4}$ trois temps, une Noire chaque temps, Croches inégales.

Le $\frac{3}{8}$ trois temps, une Croche chaque temps, doubles Croches inégales.

Le $\frac{3}{16}$ trois temps une double Croche chaque temps, doubles Croches égales.

Le $\frac{9}{4}$ trois temps, trois Noires chaque tems, Croches inégales.

Le $\frac{9}{8}$ trois temps, trois Croches chaque temps, doubles Croches inegales.

Le $\frac{9}{16}$ trois, temps, trois doubles Croches chaque temps, doubles Croches égales.

Le $\frac{12}{4}$ se bat à quatre temps, trois Noires pour un temps, les Croches inégales.

Le $\frac{12}{8}$ quatre temps, trois Croches chaque temps, les doubles Croches inégales.

Le $\frac{12}{16}$ quatre temps, trois doubles Croches chaque temps, les doubles Croches égales.

S'il se trouve quelque Air, dont l'expression & la maniere de remplir les temps soient differentes de l'usage ordinaire, il faut regarder ces exceptions comme un dessein particulier de l'Auteur, qui n'empêche point la solidité des Regles autorisées par la Pratique de tous les Musiciens.

Pour le degré de mouvement, qui est la quatriéme chose à observer sur la Mesure, il se connoît par les Airs de caracteres qui en sont les Modeles, en remarquant que toutes les Mesures se battent ou à quatre, ou à deux, ou à trois temps.

La Mesure à quatre temps, a trois degrez de mouvemens, le Lent, le Leger & le Vite.

Les Modeles de quatre temps Lents, sont le Recitatif d'un Opera, ou d'un Motet, ou d'une Cantate.

Les Modeles de quatre temps Legers, sont les Allemandes.

Les Modeles de quatre temps Vites, sont les Entrées de Furies qui se batent à quatre temps.

La Mesure à deux tems, a quatre degrez de mouvement; Lent, Leger, Vîte & Tres-vîte, dont les modeles sont pour le Lent, la premiere partie d'un Opera.

Pour le Leger, la Gavote & la Gaillarde.

Pour le Vite, la Bourée & le Rigaudon.

Pour le Tres-vîte, l'Entrée des Bergeres & Bergers de l'Opera de ROLAND, exprimée par le signe $\frac{2}{4}$ ou $\frac{4}{8}$.

La Mesure à trois temps, a cinq degrez de mouvement; Savoir, Fort-grave, Grave, Leger, Vîte & Très-vîte, dont les modeles sont;

Pour le Fort-grave, le Recitatif à trois temps, soit d'un Opera, d'une Cantate, ou d'un Motet;

Pour le Grave, la Sarabande, la Passacaille & la Courante.

Pour le Leger, la Chaconne.

Pour le Vîte, le Menuet.

Et pour le Tres-Vîte, le Passepied.

Voilà les differents degrez de mouvemens de la Musique Françoise, ausquels se rapportent ceux de la Musique Italienne, qui ne sont pas à la vérité marquez par les caracteres, mais par des termes expressifs mis au commencement des Airs Italiens, tels sont ceux-ci *Adagio*, *Allegro*, *Presto*, *Prestissimo*, et autres qui se rapportent aux termes François, Lent, Leger, Vîte, Tres-vîte, &c.

On fera une juste application de ces modeles François, si l'on fait reflexion que tous les Chants sont Airs de caracteres, ou n'en sont point. A l'égard de ceux qui sont de caractere, comme les mouvemens en sont connus, il sera aisé de les rapporter à leur modele; et pour les autres Airs, il faut savoir l'intention de l'Auteur, ou bien en tâtant l'Air, le rapporter au mouvement du modele que l'oreille jugera le plus convenable & le plus agréable.

Il ne faudra pas non-plus s'étonner en voyant executer, si l'on bat certains Airs de caractere, d'une maniere differente de celle proposée, parceque les manieres differentes de battre la Mesure, n'alterant point le mouvement, il est libre aux Musiciens de choisir celle qui leur paroît la plus convenable.

Noms & figures des Notes & des Pauses de la Musique.

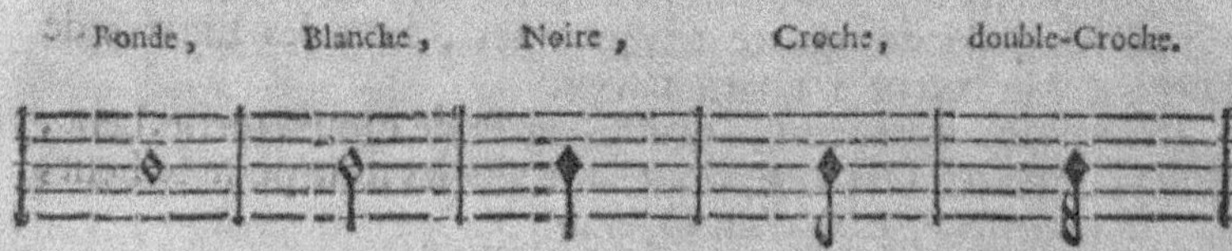

Les Italiens employent quelquefois des Blanches, Croches, doubles-Croches & triples-Croches à la place des Noires, Croches & doubles-Croches ordinaires. On y conformera l'Impression, quand l'usage en sera commun.

Le Point augmente la Note qui le précede, de la moitié de ce qu'elle vaut.

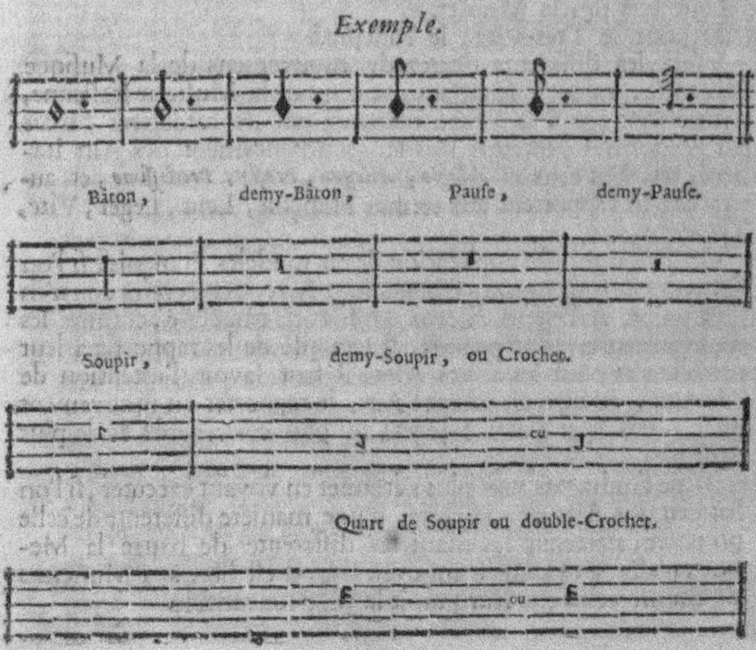

Leçons pour la Mesure à deux temps.

Premiere Leçon.

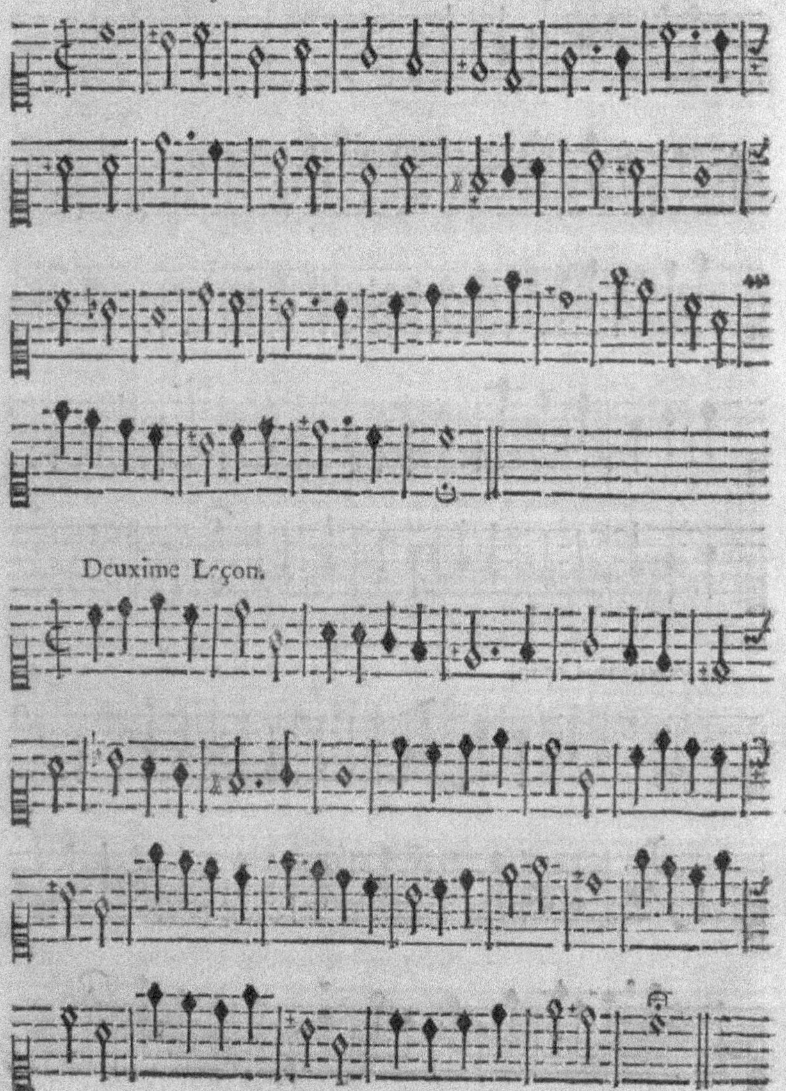

Deuxime Leçon.

Leçons pour la Mesure à trois Temps.

Premiere Leçon.

Deuxiéme Leçon.

Leçons pour la Mesure à Quatre Temps.

Premiere Leçon.

Deuxiéme Leçon.

Troisiéme Leçon, mesurée.

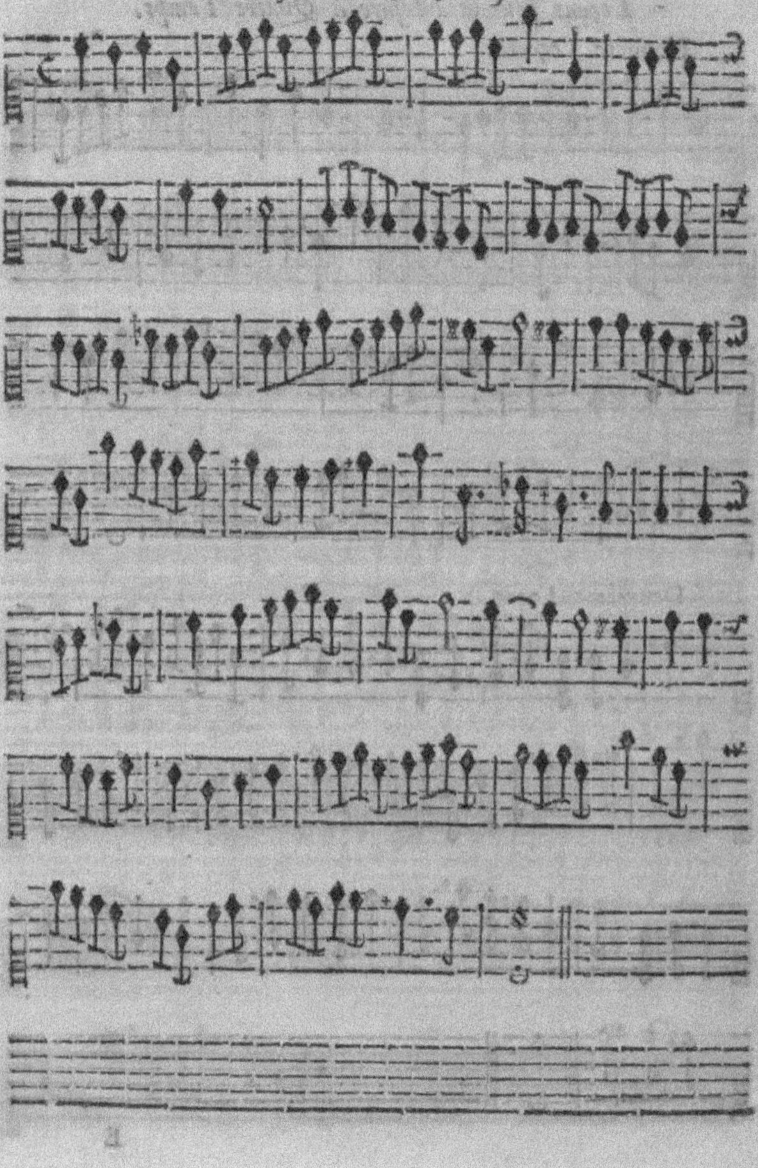

Autre Exemple, de la même Mesure.

AIR D'ISIS, *page* 245.

Autre Exemple, pour la mesure à trois Temps.

AIR D'AMADIS, *page 131.*

FANTAISIE, Pour le Triple double.

Autre Exemple, pour la mesure à deux Temps.

AIR DE MEDE'E ET JASON, *page* 200.

Modeles des mouvemens de la Mesure à quatre Temps.

Autre Exemple.

Lent. AIR D'AMADIS, *page.* 10.

ALLEMANDE, de Corelly, Liv. 4. page. 2.

Leger.

Leger. *AIR, de Phaëton,* page 115.

Leger. *FANTAISIE.*

Vite *AIR DES FURIES, de Phaëton*, page 144.

FANTAISIE.

AIR des BOHEMIENS, du Ballet des Saisons, page 276.

Exemple des mouvemens de la Mesure à deux temps.

OUVERTURE de Phaëton, *page* 1.

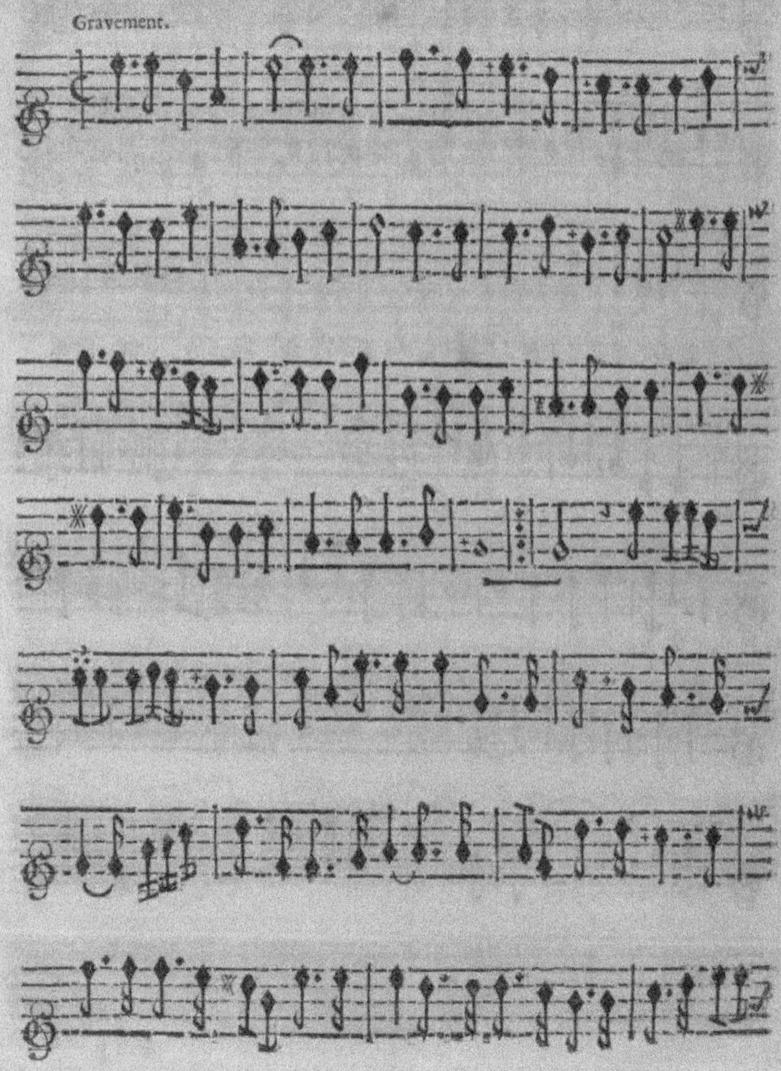

Lentement.

ENTRÉE, du Triomphe de l'Amour, page 198.

LOURE, des Festes de Thalie, page 120.

GAVOTTE, *de M. F-Philidor*, Liv. 2me *page* 5.

ENTRE'E de Thesée, page 187.

MUSETTE, de Callirhoé, page 216.

Leger.

MUSETTE en Rondeau, d'Ajax, page 13.

Leger.

MARCHE POUR LES GUERRIERS, *de Thesée*, page 86.
Leger.
Tous.
Seul.

Tous.
Seul.
Tous.

FANTAISIE.

Leger.

AIR POUR LES VENTS, de Cadmus, page 23.

Leger.

AIR POUR LES COMBATTANS, de Cadmus, page 136.
Leger.

CAVOTTE de Gaultier de Marseille, dans ses Duo, page 5.

RIGAUDON.

AIR DE PAYSANS, dans les Duo de Gaultier de Marseille, page 4.

LA MARIE'E, de Roland, page 177.

PAVANE d'Enée & Lavinie, page 17.

LA FORLANE de l'Europe Galante, page 186.

GIGUE d'Amadis, page 11.

Vite.

CANARIE du Temple de la Paix, page 103.

*AIR de Monsieur B******.*

Vite.

AIR du Recueïl d'Airs 1716. page 146.

ENTRE'E de Roland, page 182.

Très Vite. Ire. *FANTAISIE.*

Très Vite. IIme. *FANTAISIE.*

Très Vite. IIIme. *FANTAISIE.*

Modeles des mouvements de la Mesure à trois temps.

Fort Grave. *RECIT.*

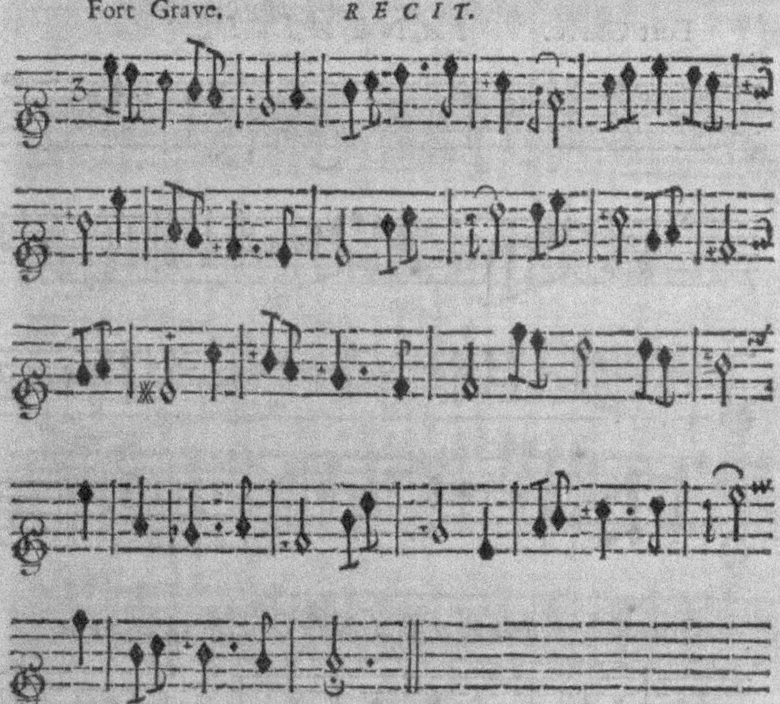

Exemples de la Mesure à Trois un.

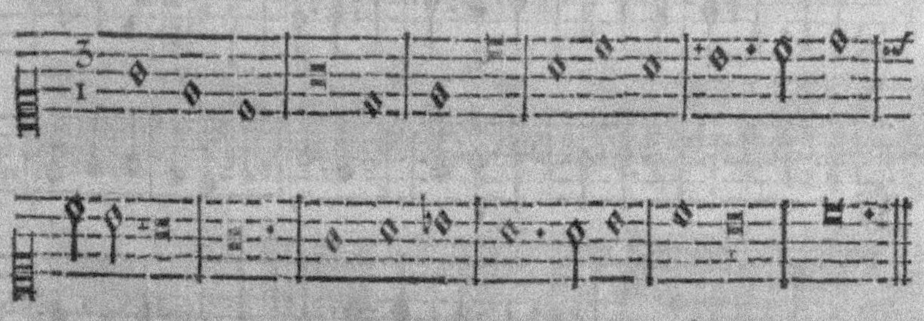

Autres Exemples pour la Mesure à Trois Temps.

Fort Grave. *FANTAISIE.*

Grave. *SARABANDE d'Isse*, page 181.

PASSACAILLE d'Acis & Galatée, page 156.

Grave.

Doux.
Fort.

Doux.
Fort.

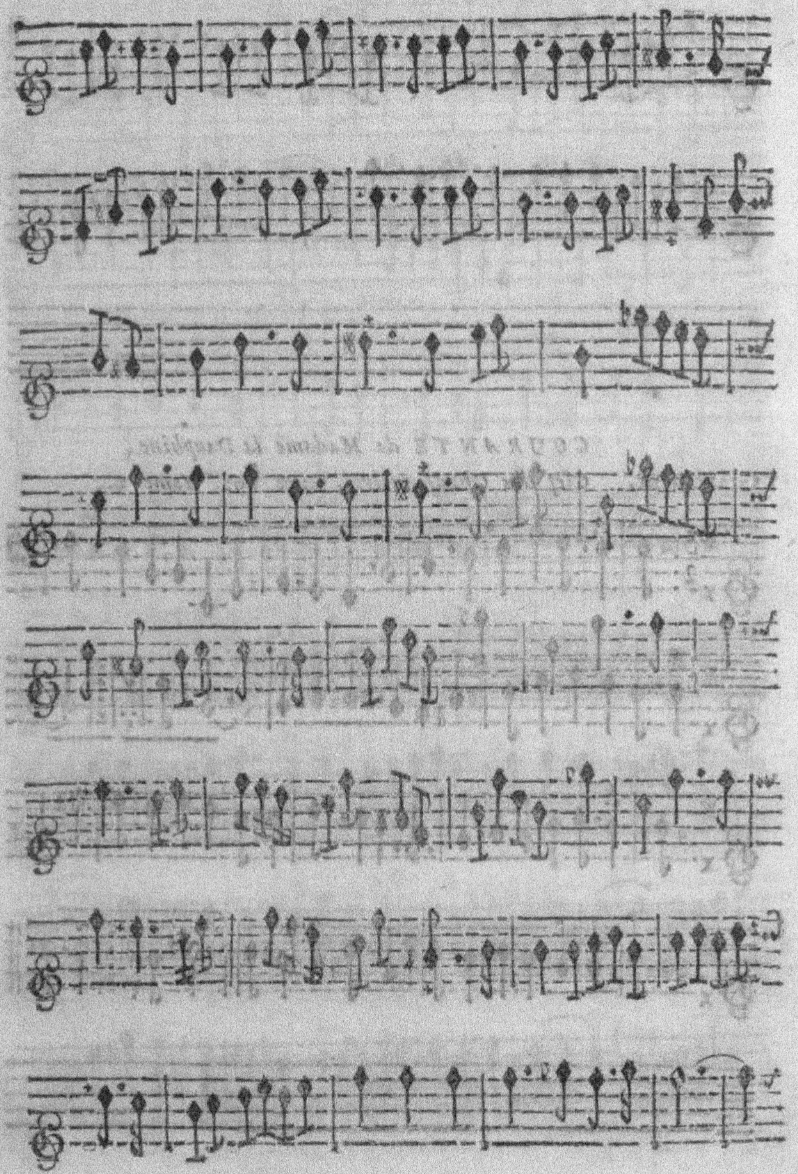

COURANTE *de Madame la Dauphine,*

Gravement. *Clef des Chansonniers*, page 192. *Tome* 2.

PASSACAILLE, d'ARMIDE, page 220.

FOLIES D'ESPAGNE, dans les Tendresses Bacchiques.

Grave. TOM. 1. *page* 118.

Premier Double.

Deuxiéme Double.

Troisiéme Double.

Leger. *AIR, de Monsieur B******.*

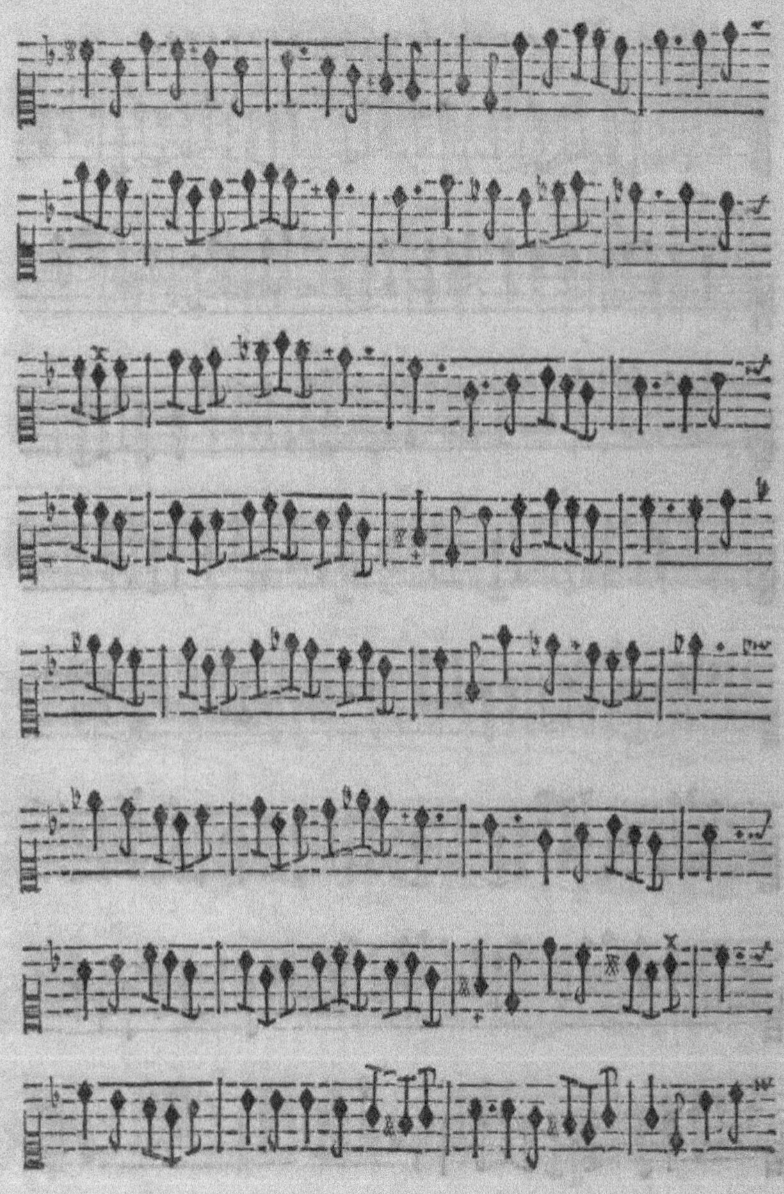

CHACONNE, de Phaëton. page 111.
Leger.

FANTAISIE.

MENUET. des Festes de Thalie, page 125

AIR, DE THESÉE, page 23.

Vite.

PASSEPIED, *de Perse*, page 9.

Exemples relatifs à la Theorie.

Des douze Sons de l'Octave.

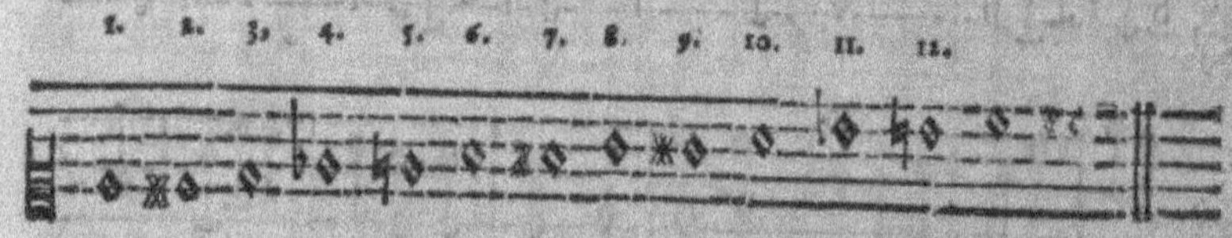

Des Inter-valles.

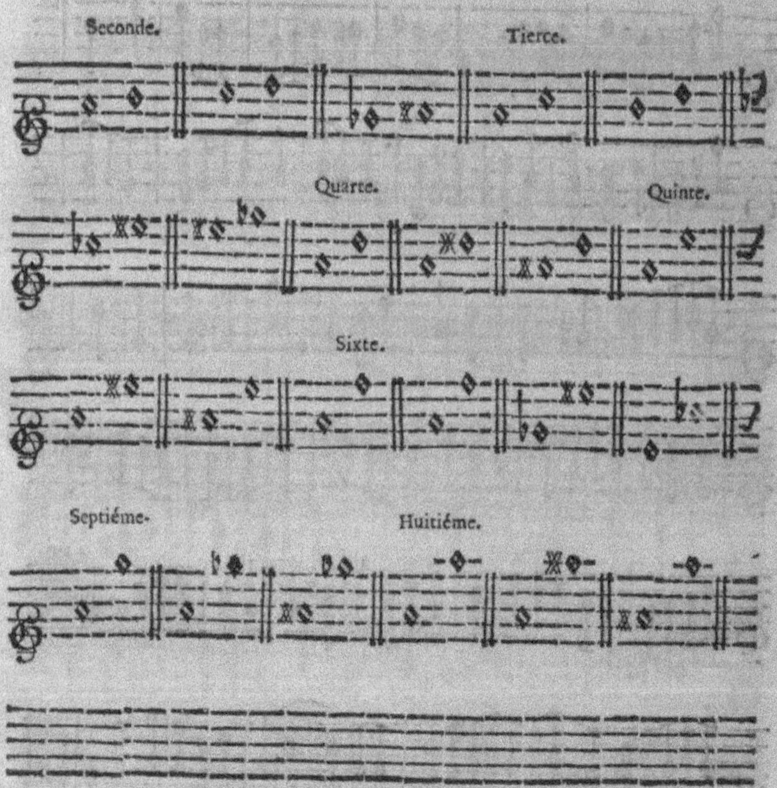

Des Modes

Majeur en Montant.

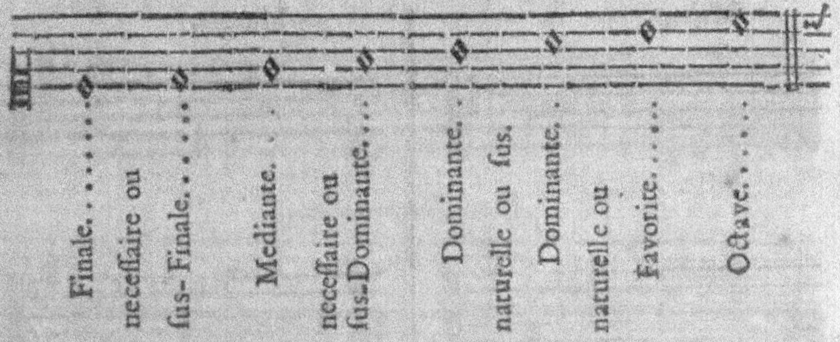

Majeur en Deſcendant.

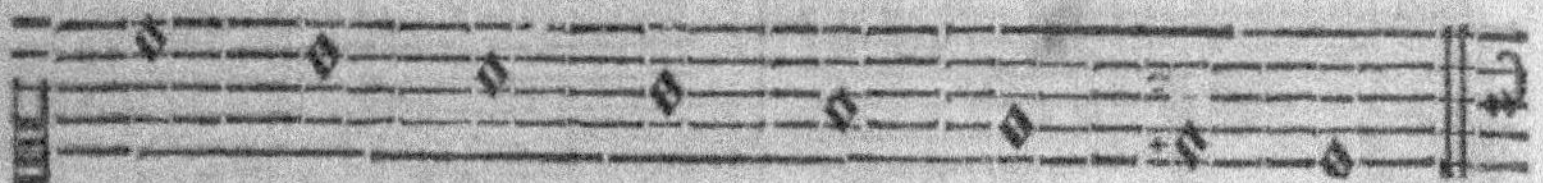

Majeur en Montant & en Deſcendant.

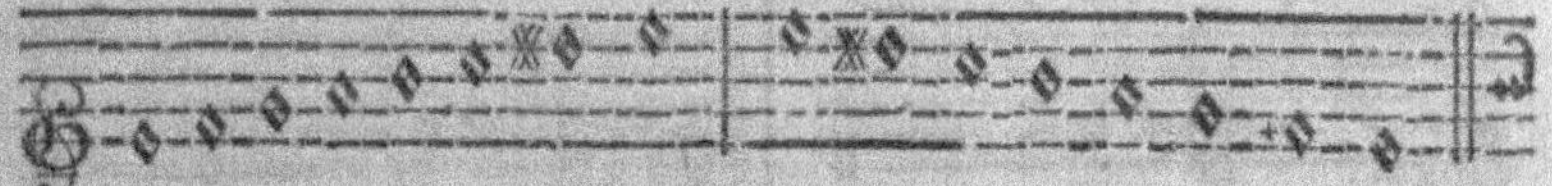

Mineur en Montant & en Deſcendant.

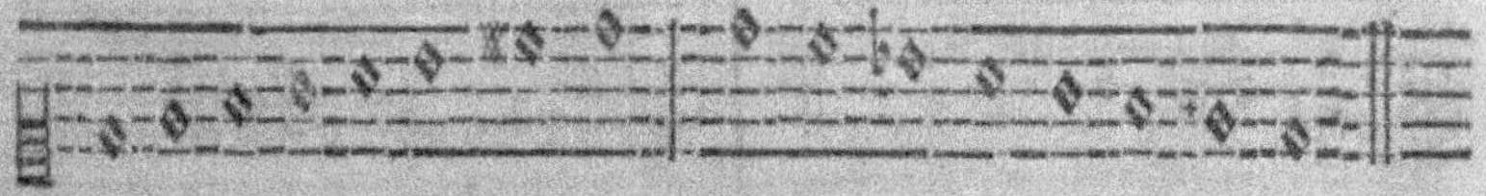

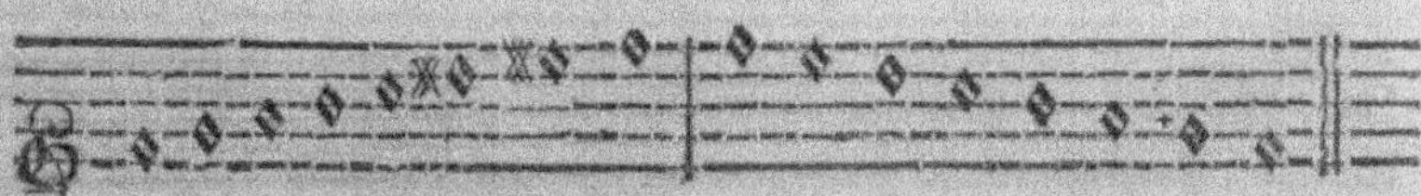

DES TONS,

& de leur Reduction au Naturel.

SUITTE DES TONS,

& de leur Reduction au Naturel.

DES TRANSPOSITIONS
de Tons, sur d'autres Tons transposez.

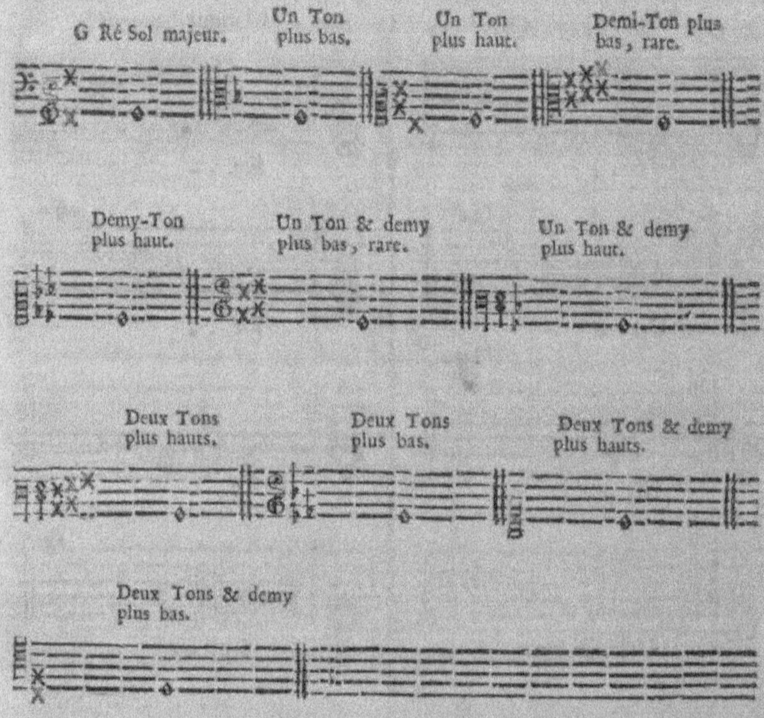

On verra dans la Table suivante, tirée du Livre d'Accompagnement de Monsieur de Saint-Lambert, tous les Tons possibles sur lesquels un Air peut être transposé.

TABLE

De tous les Tons sur lesquels un Air peut-être travaillé & transposé tant en mode Majeur qu'en mode Mineur, avec le nombre de Diezes & de Bemols qui leur conviennent.

Tons Majeurs.

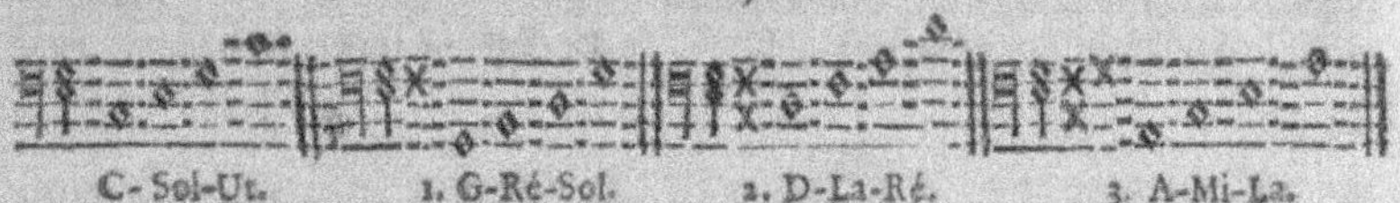

C-Sol-Ut. 1. G-Ré-Sol. 2. D-La-Ré. 3. A-Mi-La.

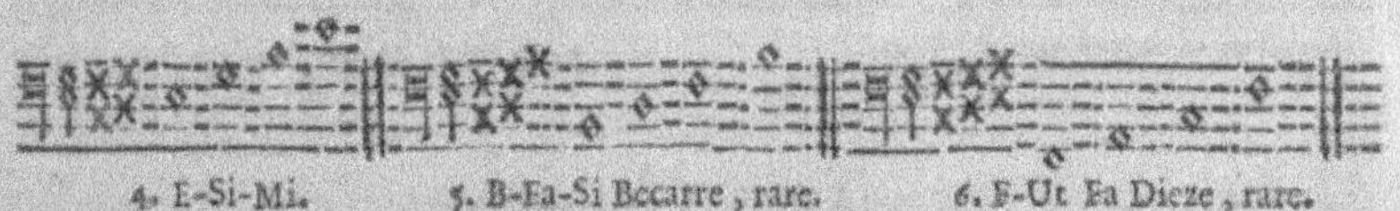

4. E-Si-Mi. 5. B-Fa-Si Becarre, rare. 6. F-Ut Fa Dieze, rare.

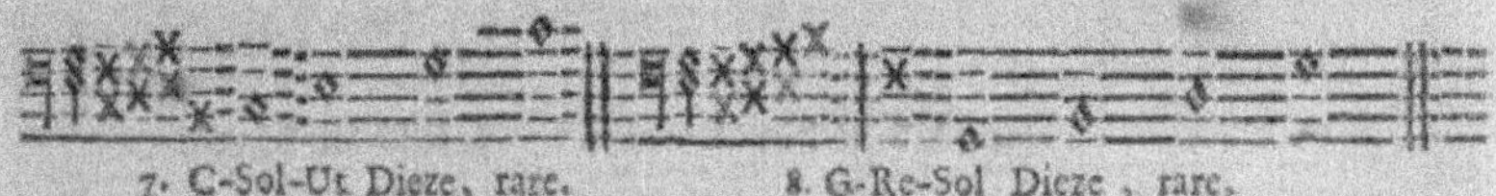

7. C-Sol-Ut Dieze, rare. 8. G-Re-Sol Dieze, rare.

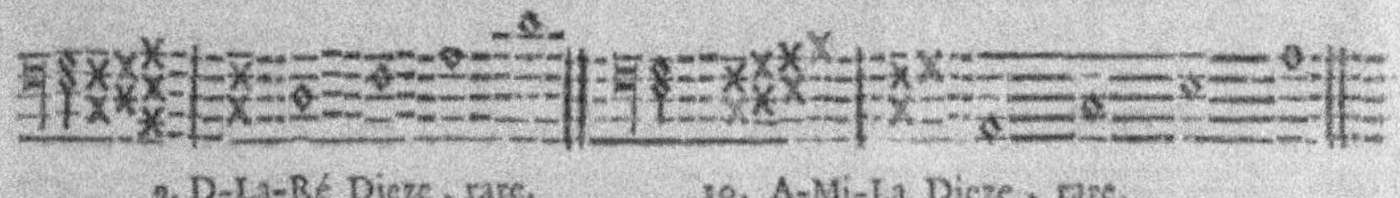

9. D-La-Ré Dieze, rare. 10. A-Mi-La Dieze, rare.

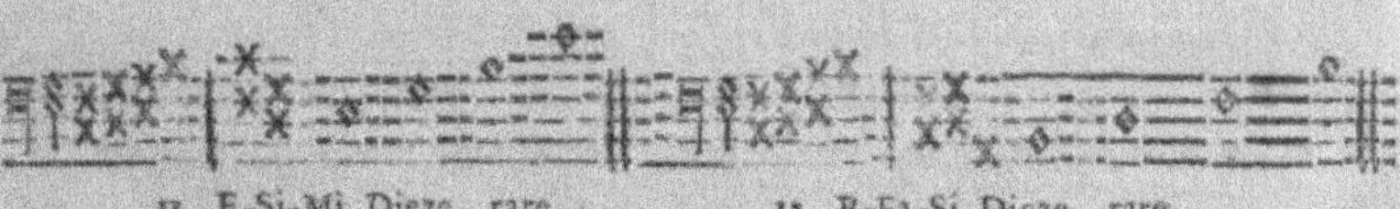

11 E-Si-Mi Dieze, rare. 12. B-Fa-Si Dieze, rare.

Tons Mineurs.

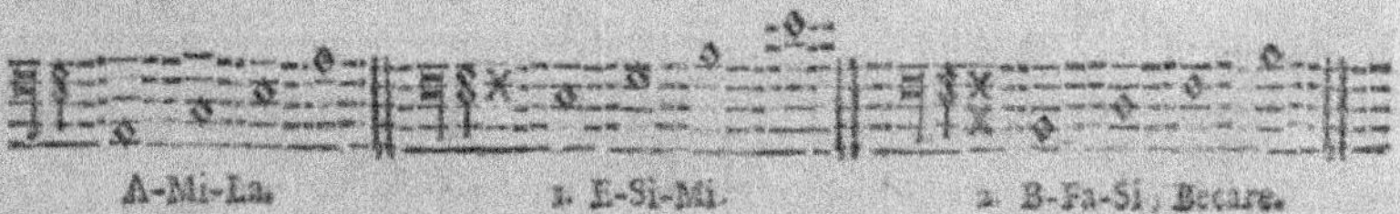

A-Mi-La. 1. E-Si-Mi. 2. B-Fa-Si, Becare.

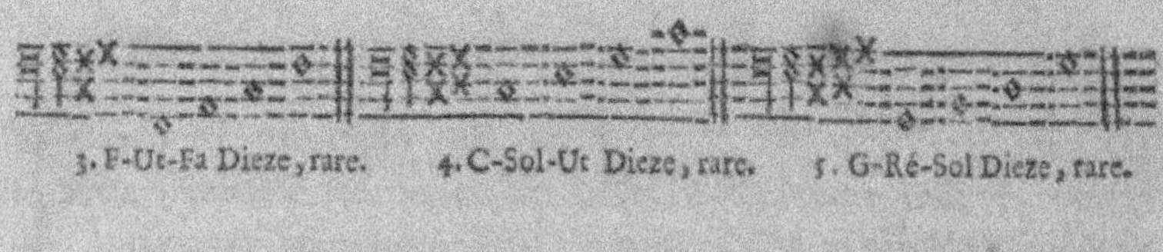

3. F-Ut-Fa Dieze, rare. 4. C-Sol-Ut Dieze, rare. 5. G-Ré-Sol Dieze, rare.

6. D-La-Ré Dieze, rare. 7. A-Mi-La Dieze, rare.

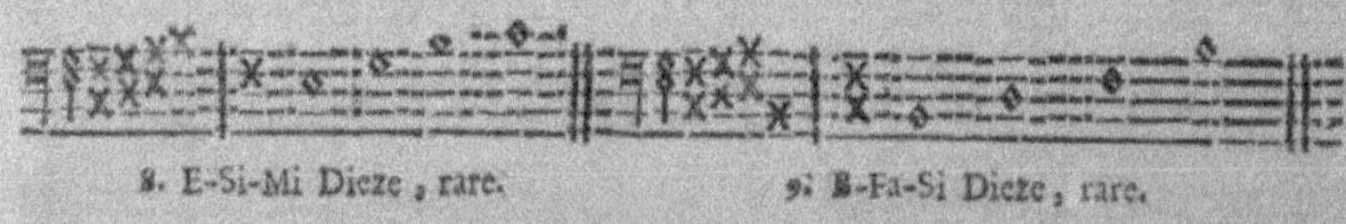

8. E-Si-Mi Dieze, rare. 9. B-Fa-Si Dieze, rare.

Tons Majeurs.

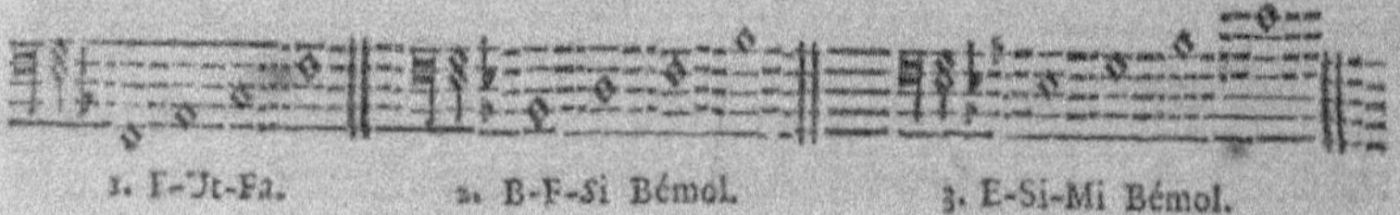

1. F-Ut-Fa. 2. B-F-Si Bémol. 3. E-Si-Mi Bémol.

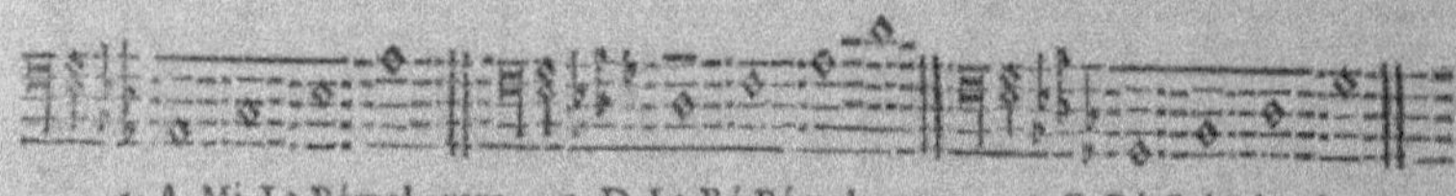

4. A-Mi-La Bémol; rare. 5. D-La Ré Bémol, rare. 6. G-Ré-Sol Bémol, rare.

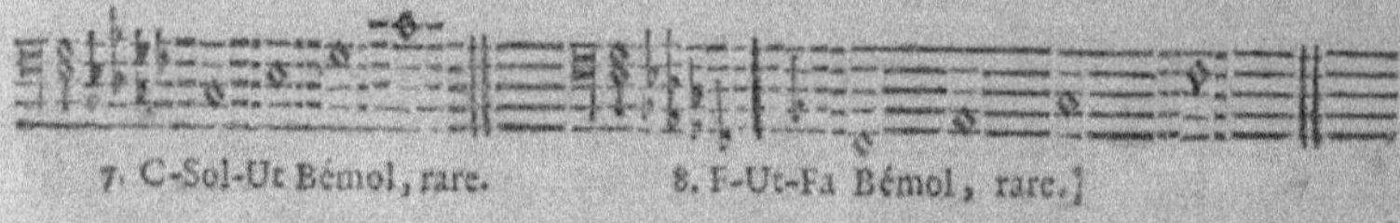

7. C-Sol-Ut Bémol, rare. 8. F-Ut-Fa Bémol, rare.]

Tons Mineurs.

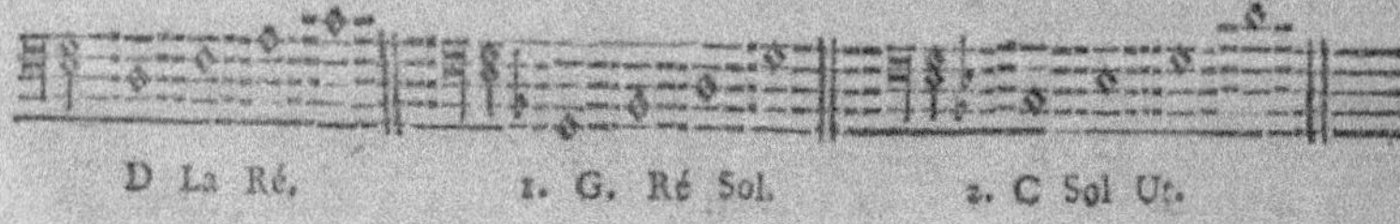

D La Ré, 1. G. Ré Sol. 2. C Sol Ut.

3. F-Ut-Fa.
4. B-Fa-Si Bémol, rare.
5. E-Si-Mi Bémol, rare.
6. A-Mi-La Bémol, rare.
7. D-La-Ré Bémol, rare
8. G-Ré-Sol Bémol, rare.
9. C-Sol-Ut Bémol, rare.
10. F-Ut-Fa Bémol, rare.
Des Modulations.

DES CADENCES.

Mode Majeur, à la Finale.

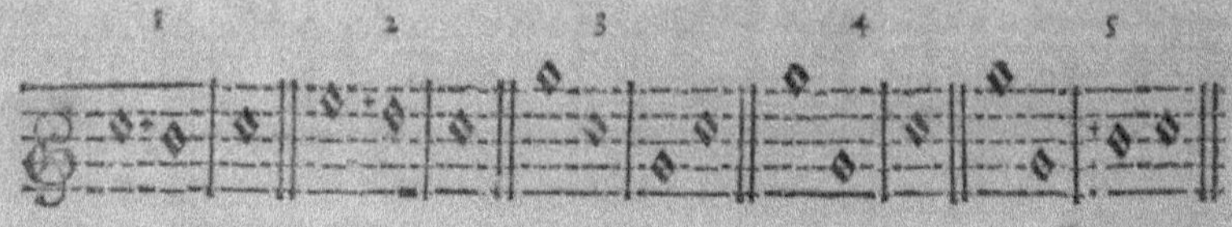

A la Dominante.

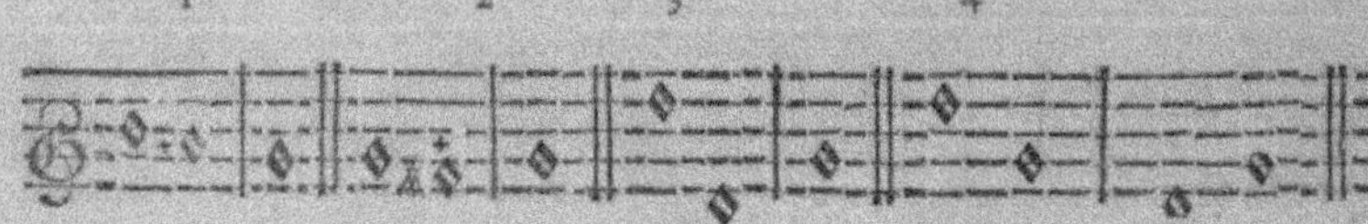

MODE MINEUR.

A la Finale de D-La-Ré.

A la Dominante.

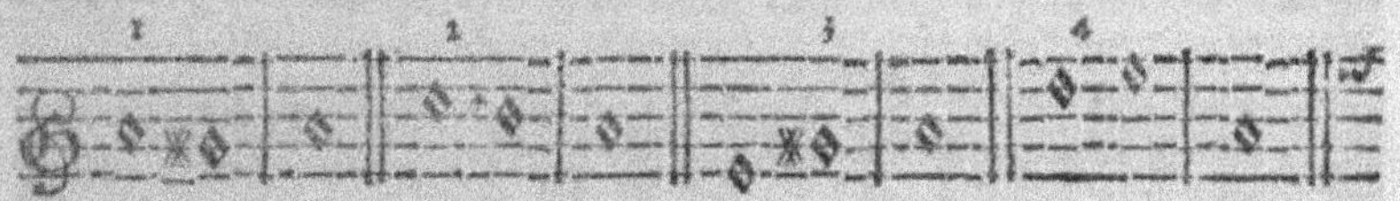

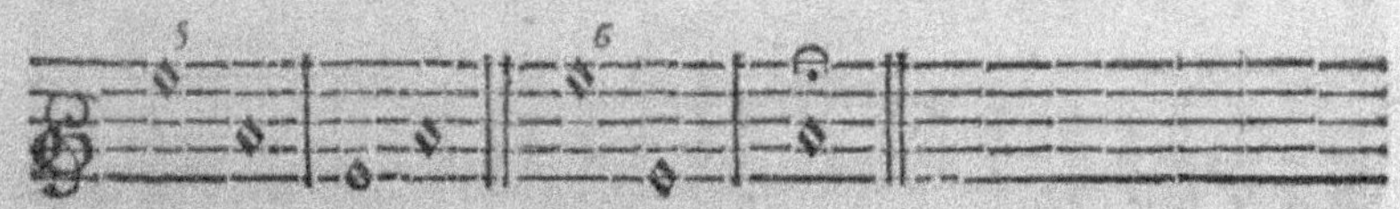

A la Dominante d'A-Mi-La.

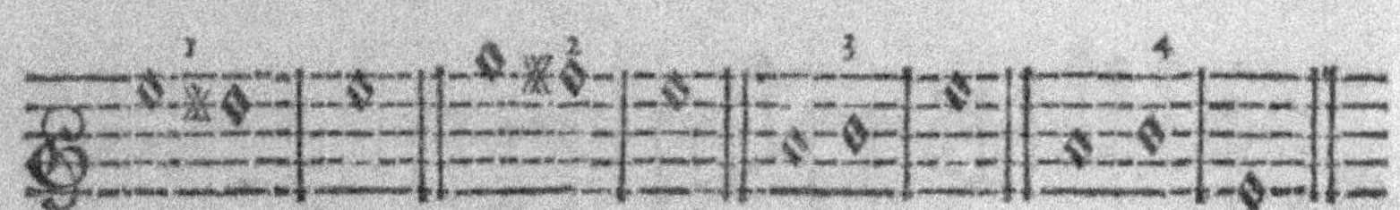

A la Mediante de D-La-Ré.

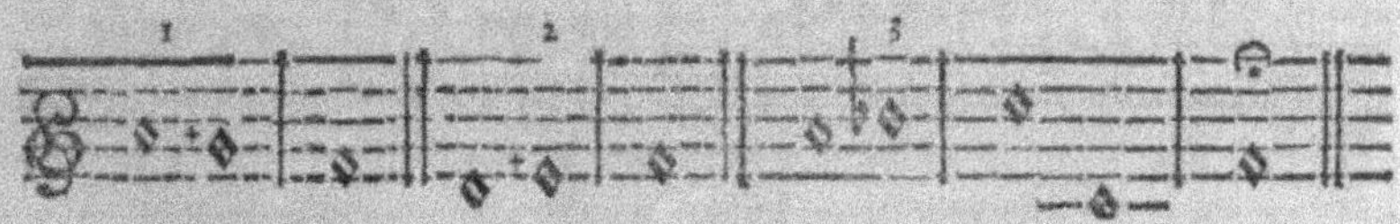

De la Cadence irreguliere, qui se fait toûjours à la Dominante.

Majeur.

PRLUDE, d'Atys, Page 87.

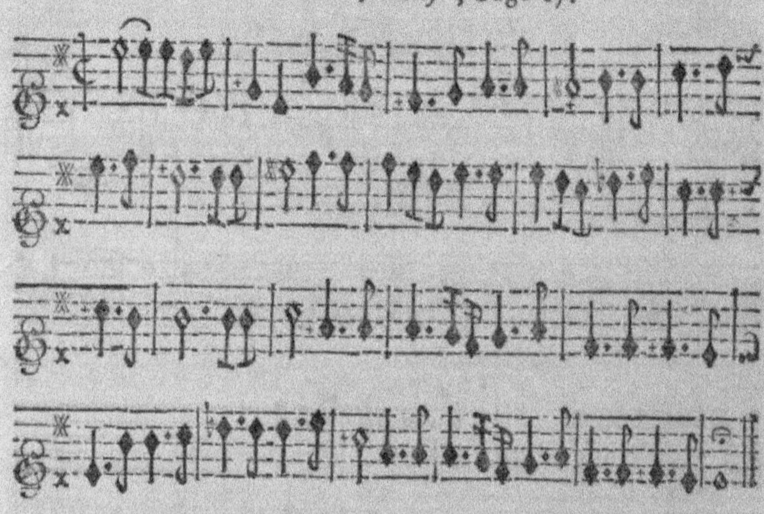

RITOURNELLE, d'Amadis, Page 132.

On remet ici sous un coup d'œil, toutes les Clefs de la Musique, quoi qu'elles ayent été dénommées dans les Leçons du Plain-chant.

Positions des Clefs pour les Voix.

Lorsque les Voix ont beaucoup d'étendue en haut, on se sert des Positions des Clefs suivantes, qui étoient fort en usage parmi les Anciens.

UNISSONS DE TOUTES LES PARIES.

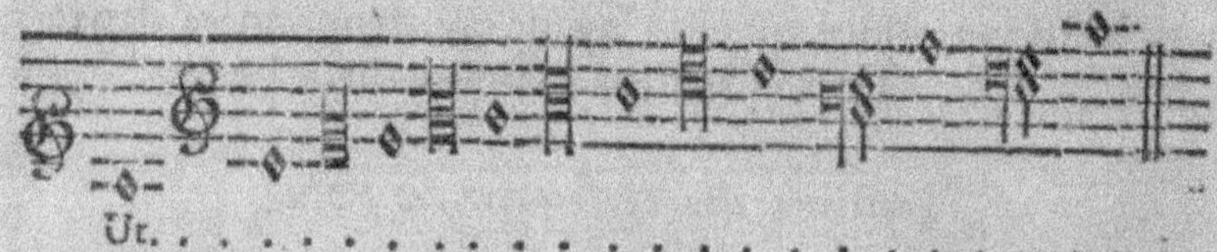

Demonstration des Unissons supposez, et des Unissons justes, pour chanter seul dans une Partition.

UNISSONS SUPPOSEZ.

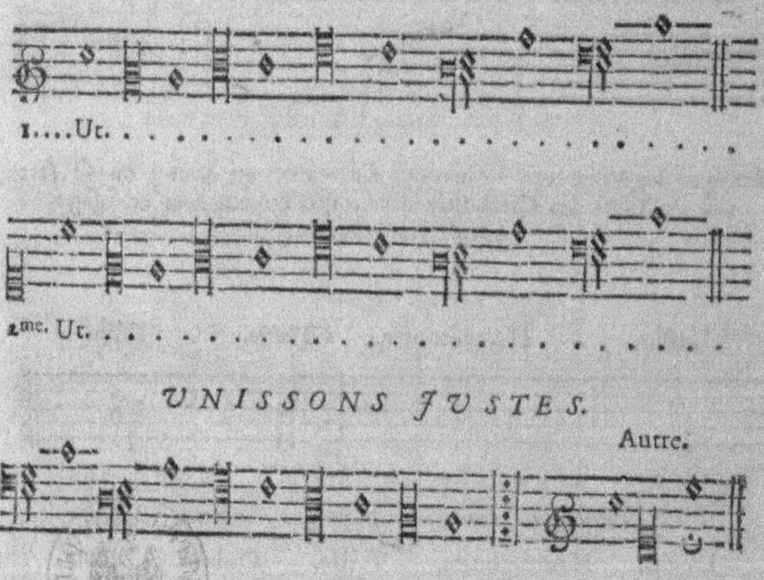

FIN.

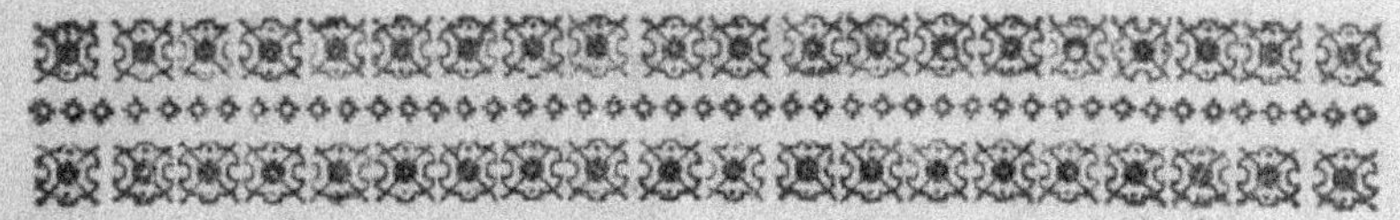

TABLE

CONCERNANT LA THEORIE.

CONCERNANT LA PRATIQUE.

☞ La plûpart des Airs suivans étant Parodiés, on peut avoir recours aux Recueils de Parodies & d'Ouvertures d'Opera, pour en faire un usage encore plus agréable.

TABLE.

Modeles des mouvemens de la Mesure à quatre Temps.

Modeles des mouvemens de la Mesure à deux Temps.

TABLE.

Modeles des mouvemens de la Mesure à trois Temps.

Exemples, relatifs à la Théorie.

FIN DE LA TABLE.

ATTRIBUTION DE LA CHARGE *de Seul Imprimeur du Roy pour la Musique.*

PAR Lettres Patentes du Roy données à Fontainebleau le cinquiéme jour du mois d'Octobre, l'An de Grace mil six cent quatre-vingt-quinze, Signées, LOUIS: Et sur le replis, Par le Roy, PHELYPEAUX; Scellées du grand Sceau de cire jaune; Confirmées par Lettres de Surannation, données à Marly le vingt-huitiéme jour de May mil sept cent quinze, Signées comme dessus: Toutes lesdites Lettres Verifiées & Registrées en Parlement le 7. Juin 1715. Il est permis (à J-B-Christophe Ballard, Seul Imprimeur du Roy pour la Musique, et Noteur de la Chapelle de Sa Majesté) d'Imprimer, faire Imprimer, Vendre & Distribuer toute sorte de Musique, tant Vocale, qu'Instrumentale, de quelque Auteur ou Auteurs que ce soit, avec très-expresses inhibitions & défenses à tous Imprimeurs, Libraires, Tailleurs, Fondeurs de Caracteres, et autres Personnes generalement quelconques, de Tailler, Fondre, ni contrefaire les Notes, Caracteres, Lettres grises, et autres choses inventées par ledit Ballard; n'y d'entreprendre ou faire entreprendre ladite Impression de Musique, en aucun lieu de ce Royaume, Terres & Seigneuries de l'obeïssance de Sa Majesté, nonobstant toutes Lettres à ce contraires, sans le congé & permission dudit Ballard; A peine de confiscation des Livres ou Exemplaires, Notes, Caracteres & autres Instruments servant au fait de ladite Impression de Musique, et de six mille livres d'Amende; ainsi qu'il est plus amplement declaré esdites Lettres: Sadite Majesté voulant qu'à l'Extrait d'icelles mis au commencement ou fin desdits Livres imprimez, foy soit ajoûtée comme à l'Original.

www.ingramcontent.com/pod-product-compliance
Ingram Content Group UK Ltd.
Pitfield, Milton Keynes, MK11 3LW, UK
UKHW021103260726
13994UKWH00002B/683